教師が育つ条件

今津孝次郎
Kojiro Imazu

Eurus
Notus
Boreas
Zephyrus

岩波新書
1395

はじめに

学級崩壊に直面

二人のわが娘たちがそれぞれ幼稚園から小学校・中学校、そして高校へと通っていたとき、楽しそうに帰宅したら親として安心するし、浮かない顔や泣きそうな顔で帰宅すると心配するという毎日の連続だった。それは子をもつ親なら共通する日常であろう。

あれから四半世紀以上も経つのに、今もなお私たち夫婦が折に触れて思い出しては話題になることがある。それは長女が小学五年のときに学級崩壊という思いがけない事態に直面したこと、ところが六年になって新しい担任が着任するとクラスが一年間で見事に蘇るという、まるでドラマを見るような二年間を保護者として経験したことである。

一九八四(昭和五九)年の春、四年のときのクラス替えをして出発した五年三組四三名は新しい級友同士の繋がりがまだ出来てはいなかった。まもなく男性担任は夫人が癌を患い看病に追われたために休みがちとなる。他クラスの担任が時々指導に入ってはくれたのだが、すべての時間を穴埋めしてもらえるわけではなく、自習の時間が増えていった。自習では他クラスと比べて学力に差がつく、と不安や不満を強める母親たちが学校の外で集まって相談を重ねるうちに、その担任自身も病気になって休職となる。そこで母親たちは代理の担任を早くつけてくれるように校長に申し入れたのである。

秋から臨時採用の女性講師が来てくれたが、まもなく妊娠が分かって思うように活動できなくなり、十分なクラスづくりには至らなかった。焦る保護者から見ると、その講師は実に頼りなく映った。事態はいっそう悪くなり、子どもたちは授業時間中も雑然として勉強どころではなく、それこそ学級崩壊(正確には「学級が最初から不統一のまま」)の状態が半年近く続いた。

病気はやむを得ないことであり、また当初からまとまらないクラスに年度途中から入った代理講師が短期間で学級全体を統率するには荷が重過ぎたと言える。保護者の立場からこのケースを見ていて実感したことは、担任がクラスを長期間留守にすると学級はいともも簡単に崩れるという現実である。それだけ教師の役割が大きいことを端的に示している。

それならば、担任が毎日欠かさず指導しているにもかかわらず学級崩壊に陥る場合はどんな事情があるのだろうか。担任教師の能力不足か、それとも子どもの大きな問題行動か、あるいは学校を取り巻く家庭や地域、情報環境に生じた何らかの歪みが影響しているのか。多分すべての事情が絡み合って学級崩壊に陥ると見るのが正しい認識だろう。

実は一九八〇年代は学級崩壊だけでなく、校内暴力やいじめ、不登校などの社会問題が全国の多くの小中学校で噴出した時期である。そうした諸問題を冷静に客観的に解明する余裕も無く、とにかく不安と不満を抱く多くの人々は真っ先に教師に批判的な攻撃の矛先を向けた。それは「教師バッシング」(教師叩き)と呼ばれるようになる。「バッシング」とは「強打してぺしゃんこにする」という意味だから、単なる悪口や批判を超える独特の強い感情を伴った反応である。当時の中曽根康弘首相が主導して設置された臨時教育審議会が「教育荒廃」について審議を始めたのも、五年三組が崩れたのとちょうど同じ一九八四年である。その広範な審議のなかには教員評価を厳しくする政策の検討も含まれていた。

さて、長女が在籍する三組は六年になって新しい男性担任となった。仮に里山明先生と呼ぼう(以下「里山担任」)。里山担任は四〇代半ばの温厚そうな先生である。中学校で理科を一〇年間教えた後、小学校に移ってから一〇年余り経っていた。保護者にとって驚異だったのは、里山担任が荒れたクラスに立ち向かい、わずか一年間で三年間ほどの量と質に匹敵するような学級生活を子どもと共に創りあげ、クラスの再生を果たしたことである。

本人にとっても、この一年間は教職生活のなかで決して忘れられない体験だったに違いない。四〇年に及ぶ教職生活を引退してから実践記録『絆——子どもと共に築きあげた六年三組』(私家版、二〇一〇年一月)をまとめ上げ、その実践記録は卒業生の間で回覧された。長女はそれを私に手渡しながら「クラスの朝の会や帰りの会などで『いじめは絶対にいけない』と何度も強く言われていたことが印象に残っている」と当時の記憶をたどる。

『絆』を読んだ私は、まもなく七一歳になる先生のご自宅を初めて訪問し、さらに詳しい話を聴く機会を得た。長女が六年三組を卒業してからちょうど二五年目の二〇一〇(平成二二)年初夏のことである。

「大変なクラス」に向き合う

そのときのインタビューと実践記録『絆』から当時のクラスの様子を再現しよう。

はじめに

赴任して最初に校長から言い渡されたことは「担任に恵まれていないクラスを担任してほしい。学級としてまだ出来上がっていない状態にあるが、核になる子どもがいるので、その子を中心に早く六年生らしい学級にしてほしい」でした。

始業式の日に初めて教室へ行くと、後ろの方の男子が霧吹き用のスプレーで前の女子の髪に水を飛ばしています。右を見ると隣同士でひそひそ話です。左を見ると大きなあくびをしている子がいます。驚いたのはそのようなことをしていても皆が無関心で、誰一人として何も言わないのです。

放課後に水をかけられた女子を呼んで「なぜ黙っているのか」と何度も聞いたのですが無言のままです。別の女子に聞くと「先生に言うと仕返しをされるからこわい」という返事です。これで校長から言われたことの意味が分かりました。クラスに悪質ないじめが広がっていて、自由に発言できない圧力のようなものが学級を支配している、と直感しました。

初めての授業は国語でした。「本読みが出来る人……」と聞いてもまったく手が上がりません。指名すると無言で立って読み始めます。質問しても答えられないときは無言です。それなのに授業中に私語が多いのです。この学級をどのようにつくり変えていけばよいのか、「大変なクラス」の実態に正直言って私は途方に暮れました。

春の家庭訪問でも各家で担任への要望が出ました。「昨年は自習が多すぎました。学力が相当落ちていると思うので、しっかり力をつけてやってください」「落ち着きのない学級です。いじめに似たことがたくさんありますから、何とかしてください」「先生にはみんなの期待がかかっています。そのつもりでやってください」などなど。

まずは子どもたちと三つの約束をすることにしました。一つは「どんなことに対しても、今より少しでいいからよくしようとがんばること」。二つは「人の意見や考えをよく聞いて、真剣に考えて自分なりの考えをもつこと」。三つは「はい、ありがとう、すみません、という素直な感謝の謙虚な気持ちをあらわせることができるようにすること」。

里山担任が「大変なクラス」に最初に向き合った様子で印象深いのは、子どものちょっとした行為を見逃さずにそれとなく真相を探りながら、クラスにいじめがあると「直感」したこと。そして、いじめの克服も含めて「クラスづくり」を大きな目標に据えて実践に踏み出したことである。里山担任が子どもたちに伝えたのは、学級での日常生活習慣に関する基本ルールであり、子どもたちの行動目標だった。そしてこの三つの約束は「六年三組学級通信」第一号の冒頭にも掲げられた。

六年の三つの学級に共通する「学年通信」がすでに出されていたので、他の担任からは「学級通信は不必要ではないか」と言われながらも、「いい学級にしたいから」と一か月かけて同学年の担任の了解を取り付けて「学級通信」を五月から翌年三月まで毎週一回、合計四一号を発行した。私も当時、それらにかなり目を通した記憶がある。

各号とも気軽に短時間で作成した感じの簡単な記録で、担任の想いや考え、子どもの行動の様子や生の声、保護者からの手紙など、クラスの素顔が手に取るように分かる。卒業までの一年間で是非いいクラスにという親の強い期待に応えるためにも、担任と子ども、保護者が交流する凝縮した「広場」が不可欠だったのだろう。学級通信はその広場の役目を果たすとともに、里山担任にとってはクラスの変化を細かく把握しながら次の学級経営課題を探る貴重な基礎資料となったのに違いない。

出していった。

クラス再生の取り組み

一方、里山担任は学級全体向けと班向け、そして個人向けに具体的な作業課題を次々と出していった。

学級全体としては朝の会で毎日一人ずつ曜日によって「困っていること」「両親に聞いてほしいこと」「友達に聞いてほしいこと」などを主な話題にして発表させる。担任にとっては子どもの様子が分かって話しかけるきっかけとなるし、子どもにとっては話をまとめる力や発表する力が身についていく。また、帰りの会では音楽の授業とは関係なく、月ごとに曲を決めて合唱や合奏の練習である。さまざまな出来事があった日でも合唱と合奏でクラス全体が和やかな気持ちになり、帰宅する気持ちの準備ができる。

他方、七つの班ごとには班日記をつけて、学校での出来事や家での様子を書く。それらの内容から学級通信の記事も選ばれていく。個人向けとしては、家での自由勉強を課し、週に三回ノートを提出する。担任は放課後までにすべてのノートに目を通して朱筆を入れるから「ほとんど休憩も取れない」忙しさであった。

そして、ＰＴＡ主催で前年度から六年生が実施していたコメ作りに三組も乗り出した。しかもただ体験するだけでなく、それを通して稲の成長を記録する作品作りが新たな課題となった。田植えから稲刈り、試食会まで四か月間、継続的な調べ学習が続く。この作品作りの指導では理科が専門の里山担任の本領発揮となる。

この作品を全国の児童才能開発コンテストに応募したところ、卒業間近になって「科学奨励賞」を受賞したとの知らせが入った。そのときのことを里山担任は『絆』に次のように記している。「教室には割れんばかりの大歓声が起こりました。……学級全員で一つの作品を協力しながら作り上げた喜び、そのうえ、受賞までしたことは私にとっても気分は軽やかで、素晴らしい一日でした」。

そのほかにも校内文化祭での劇の発表など、子どもたちが達成感と自信を味わえるようなさまざまな取り組みに挑戦した。こうして、最初は六年三組の荒れた状態に対して「途方に暮れ」ながらも、小学校時代の残された僅かな時間に学級を再建することが至上命令であった里山担任は、それまで二〇年余りの教職経験で蓄積した知識と技能のすべてを注ぎ込んで子どもと保護者に正面から向き合い続けたのである。四〇年に及ぶ教職生活を振り返りながら、私に次のように率直に語った内容は『絆』の冒頭にもそのまま記されている。おそらく六年三組との一年間の経験を核として築き上げた教師としての信念を披露したものだと言えよう。

振り返ってみますと、その年その年に児童生徒・教職員などとの出会いがあり、思い出がありますす。そのどれをとっても忘れられない貴重なものばかりです。私にとって子どもたちとの触れ合いは、実は教えること、育てることではなくて、教えられ育てられることであったとしみじみ思います。教えていると思ってやってきたことは、今静かに考えてみますと、実は教えられていたんだと思うのです。子どもたちの成長を信じることで自分も成長する、この打てば響くこだまのような子ども・親・教師との心と心の交流、そこに教育の真髄があるのではないかと思うのです。

教師の「声」を聴く

「子どもたちの成長を信じることで自分も成長する」ことに「教育の真髄がある」という語りはことばとして了解しても、果たして現在の慌ただしい学校でも実際に通用するだろうか。今の教師はどのように育てられ、どのように育っているのか。子ども・親・教師との心の交流はあるだろうか。教育の真髄は実現しているだろうか。それらについて教師の生の「声」に耳を傾けながら検証してみたいと思う。

耳を傾ける際に留意したことを二つ補足したい。一つは「教師」と「教員」の違いである。いずれも教えることを仕事とする者を指すことばで、しばしば同じ意味として理解されてもいる。本書でも文章の流れのなかでこの二語が同じものとして互換的に使われる箇所がある。しかし、「家庭教師」とは言っても「家庭教員」とは言わないように、両者には基本的な違いがあることに着目したい。二つの相違点が考えられる。

まず、「教師」では教える専門的職業とか授業場面での指導者という側面に力点が置かれる。「教師の専門性」とは言っても「教員の専門性」とは言わないように。他方、「教員」では学校組織の一員という側面に力点が置かれる（教育基本法をはじめ法律用語としてはすべて「教員」）。

次に、「教師」は理念的で価値的なニュアンスで使われることが多いのに対して、「教員」は現実の実態を指して使われる傾向がある。たとえば、理想的な「教師」を目指しながら、実際の「教員」としては学校組織の職務上の諸制約があって夢を果たせない、というように。権威の対象としての「教師」と、ごく普通の職業人としての「教員」というように暗黙のうちに使い分けられる。

本書では基本的に「教師」を用いるが、現実の学校組織の一員を強調する場合には「教員」も使用する。そして重要なことは、実際の教職生活のなかで教師個人は「教師」と「教員」の両側面を併せ持つ点である。実際には、これら両側面が教師個人の内面で互いに対立葛藤する局面がしばしば見られる。

二つめに補足したいのは、当事者である学校教師が直接「声」を上げるのが本筋だという点である。ところが、今の学校現場は日々さまざまな問題の対応に追われ、また相次ぐ教育改革の波に翻弄されて、多くの教師が余裕を持てない状態にある。

それならば、これまで三〇年以上にわたって、教育研究者として愛知・岐阜・三重の東海三県で小中高のさまざまな学校現場と協働して学校や教師の諸問題についてフィールド調査などに携わってきた私は、自分が多くの教師と接してきたので教師に代わって「声」を伝えるのが許されるのではないかと考えた。それに、研究の立場にある方が教師の育ちを少しでも客観的に眺められるかもしれない。

そこで、私が二〇〇〇年代後半から二〇一〇年代初めにかけて東海地域の学校や教育センターを訪問した際や、大学院の指導で接した小中高の現職教師(校長・教頭も含む)から直接に聴いた多くの「声」のなかから、その一部を随所に引用した。

それに加えて、定年退職したばかりの公立小中高の校長の「声」も掲げた。教員免許更新制の是非について論議が高まった時期に、「教師の質の向上」をテーマに自由なインタビューを実施した際に記録したものである。インタビューは各地の教育センターや教育委員会事務局の部屋を借りるなどして、二〇一〇年春から二〇一一年冬にかけて集中しておこなったもので、退職時の肩書では小学校長九名(内女性四名)、中学校長八名、高校長二名の計一九名(内男性一五名)である。これら一九名については「声」の引用箇所で「退職」または(退)と断った。

なお、退職校長を特に教師のインタビュー対象として選んだのは管理職という地位を基準にしたわけではなく、次のような諸特徴を重視したためである。一九七〇年代後半に東海地域の小中高の新任教師となり、八〇年代の「教育荒廃」の時期を乗り越えながら三〇年以上にわたって現場での長い教職経歴の持ち主であること。地域社会との関係も深く、若手の育成にも力を入れ、教育行政の仕組みにも詳しい幅広い経験をもつベテラン教師であること。退職後だけに現職の制約がなく自由に語ってもらいやすいこと。

退職校長そして現職教師の生の「声」に耳を傾けると、学校内外の困難な状況を乗り越えるような教育実践の奥深さと力強さを感じさせられる。しかし一般の世論としては、ともすると教師バッシングの風潮に押し流されがちで、そうした豊かな内容の「声」が隅々まで届いてはいない。そこで、本書では教師の「声」を手掛かりに、教師を育てる制度と教師が育つ環境をさまざまな角度から検討しながら、教師の質や教員政策の仕組みと方向性などの基本的諸問題について解き明かしてみたい。そして、私自身の意見と提案も織り込んでいこう。

目次

第1章　いま、教師は

1　余裕のない教師

多忙化する日常

学校組織のなかで「教員」として働く職業生活の実際について、その一端を紹介したい。中学校に長年勤めたあと小学校に転勤した五〇代半ばの女性教師が語る教職の日常である。

小中学校での勤務時間は、地域や学校また教師一人ひとりによって異なるので一概に言えませんが、私の場合は平均して朝は七時半くらいから夜は七時ないし八時くらいまでです。幼子を抱えた女性教師や非常勤講師なら、もう少し早目に帰宅します。

中学校ですと部活がありますから、その指導が夕方に終わってからさまざまな仕事に着手するわけです。仕事内容は生徒指導関係の家庭への電話連絡や家庭訪問、採点、添削、成績処理、校務分掌つまり校内業務分担としての特別活動や進路指導、図書、保健などの仕事、各種書類作成、そして教材研究などですから、帰宅が九時ないし一〇時頃になることもたびたびでした。超過勤務は望ましくないのですが、中学校の前を夜遅くに通ると、職員室に明かりがついているのに気づくことがあるはずです。

小中学校とも、その日のうちに仕事が片づかなければ家に持ち帰ったり、休日に持ち越すこともあります。小学校勤務の今でもそんな毎日です。もちろん、授業とその準備のための教材研究が最も重要な職務で、教材研究はいくら時間をかけても際限がありません。しかし、今の学校はそれ以外の職務に時間を取られることが増えているので、教材研究の時間を削らざるをえない残念な状況にあります。

私が若かった頃と比べて、今は生徒や保護者とのコミュニケーションが複雑になり、生徒指導関係の対応では神経を使わざるをえず、かなりの時間を取られるようになりました。関連する会議やその会議に出すための資料作成も増えています。

それ以外にも書類作成がうんと多くなりました。一週間の授業計画書を書かねばなりませんし、学年や学校全体で取り組む行事や活動についての起案書、会議担当の場合はその企画書、当日のレジュメ作成、そして会議後の報告書のまとめ、出張する場合は出張伺いと事後報告書作成など。それに文部科学省から降りてくる調査も含めて教育委員会から廻ってくる書類の作成だけでもかなりの時間がかかります。

また、若い教師は特にそうですが、研修の忙しさもあります。もちろん、教師にとって研修は大切ですし、最近の研修は勤務校での仕事と両立するようにかなり工夫されてはいるのですが、なかには勤務校を離れて他の場所での研修もありますから、自分が担任する子どもと触れ合う時間がその分少なくなることは痛いです。しかも、研修という施策が確実におこなわれていることを示す証拠書類が入り用なのでしょうか、研修ごとに報告書を提出しなければならず、研修関係の書類作成に時間が取られるのです。

各研修が教師の資質・能力の向上に効果があれば何も言うことはないのですが、勤務が断片化されて多忙さだけが強まるようではまったく逆効果で、何のための研修なのか分からなくなります。

ここで語られているのは「教師の多忙化」として今日では広く指摘されている職務実態

である。ただ「多忙化」の意味については、時間的に慌ただしいという表面的な状態だけでなくて、もっと掘り下げる必要があるだろう。多忙化とは教職活動が細切れの過密状態に陥り、教師と子どもが人間全体として向き合うことが出来にくくなっている状況を意味し、教師が自らの日々の教育実践について振り返りながら、じっくりと考えるゆとりも無くなっている状態を示している。

つまり、教員としての職務の現状が教師の専門性を高めるというよりも、むしろ逆に低下させる方へと圧力を及ぼしていることに注目すべきである。それは子どもの教育の質を低下させる危険性をはらんでいるからである。

次に女性教師が話題にしたのは、学校の教員組織についてである。

学校は組織として運営されますから、困難な教育問題が生じたり、保護者からさまざまな注文が出されたりしても、学校組織として意思統一して問題解決に当たることができたら対処も有効になるはずです。ところが、今の学校では五〇代の年配教員層が厚く、体力や気力、子どもとの密着などの点でもっとも豊かに活動できる三〇～四〇代の層が薄いという年齢構成のアンバランスがあって、学校組織として対応しにくい弱さを抱えています。

今後は高齢層が退職に向かい、二〇代の若年層が膨らむとともに層の薄い中年層が学校管理者層となっていきます。その際、若い層が確実に育ち、学校の統一性や活力がもたらされるかどうか心配です。豊かな能力を秘めている二〇代に期待はしていますが、現代の学校が教員の世代交代の大きな曲がり角にあることは事実です。

もちろん、同学年の担任同士や校務分掌の担当者同士といったチームで情報を共有しつつ組織的に動くことは、昔に比べてはるかに進歩していると思います。しかし学校の改善を繰り返しても、現実の問題の変化や新たな課題の増加に追いつくことが難しい状況にあり、常に緊張を強いられているというのが、今のどの学校にも共通する現実ではないでしょうか。

ここで語られている学校組織の現実を踏まえると、「教師の多忙化」は次のような特徴を伴っていることを意味している。つまり、今の教師は世代構成のアンバランスがあるために、たとえば若い教員が中堅教員を介してベテラン教員と交流するといった同僚同士の緊密な関係を保ちにくくなっていること。それでも学校内のさまざまなチームで協働体制を工夫はしているが、実際には次々と生起する諸課題に追い立てられるような状況のなかで、自らの教職のあり方を見つめ直す時間を持ちにくいこと、である。

そして、教員組織としては正規教員の他に多くの非正規教員がいる現実も見落とせない。一～二年程度の期限つきでフルタイムで働き、学級担任にも就く臨時採用教員(常勤講師)や決まった授業だけ教えて時給払いの非常勤講師である。財政難の自治体が人件費削減を図るためか、非正規教員が近年になって増加傾向にある。しかし、かれらは不安定な勤務条件の下で、研修も受けられずに、腰を据えて教育に取り組めないという問題を抱えている。

このように、教育の質を丁寧に追求するというよりも、教員組織の効率化を優先するような体制の下では、次に見るように教師は心身の失調に陥りやすい。

教員のストレス

女性教師は続けて、最近の教員に増えていると言われる精神疾患の身近な例に言及する。

心身の失調に悩む教師が私の周りにもいます。つい先頃も一人の同僚が診断書を出し休職しました。人間味があり力量もある素晴らしい先生で、保護者にも子どもたちにも同僚にも信頼されていました。どうして失調に気付けなかったのか、頼り過ぎていたのではなかったか、といった後悔から多くの人が傷心を味わいました。幸い今は復帰されましたが、今なおみんなで気を遣っています。

年度の途中で少し休んだり、あるいは仕事を軽くしてもらったりといった措置をとることが難しい今の学校の現状が、症状の悪化や休職を多くしていると思います。うつなどの症状が進行し、病院で診断書をもらってはじめて、本人は休暇を取ることができ、学校は代替教員を探すことができるのです。

とは言っても途中から代替教員がその学級を円滑に運営することも難しいでしょうし、子どもたちや保護者は不本意な時期を過ごすことになります。自分が倒れることで及ぼす多大な迷惑をつい考えてしまうと、簡単には休めないという追いつめられた気持ちは本当によく分かります。

うつなどの診断から退職へと、人生を大きく転換せざるをえなかった同僚もいました。身近な経験から言っても、このような事例は珍しいことではないと思います。

教員のストレスについては一九七〇年代末の英国で世界初の研究が始まった。仕事に対する多種多様な要求が増加し、それらを調整しながら応えていくには、個人の能力や願望が追いつかずに脅威を感じるときがある。その際の心身反応がストレスである。その程度が極度に高まって、感情枯渇や無力感、教職を続ける意欲の減退など重い症状を呈すると「バーンアウト」(燃え尽き症候群)と呼ばれる。

従来はもっぱら個人のストレスの病理や治療が検討されていたが、近年では教員同士のサポートや連携がストレスを弱める側面が注目されるようになった。つまり、ストレスやバーンアウトを教師個人の問題というよりも学校組織全体の問題として把握する観点である。学校内で教員が孤立的であればストレスは大きい。それに対して、教員集団としてまとまれば、子どもや保護者の各種要求に応えやすくなり、教師が実践の効果ある力を感じることができ、ストレスは緩和されるという仕組みは常識的にも理解しやすい。

二〇〇〇年代初頭に発表された英国の公立小学校教員のインタビュー調査結果によれば、バーンアウトの程度が低い学校は組織が柔軟で教員同士に信頼感と一体感が強いのに対して、バーンアウト程度の高い学校は組織が階層的で硬直的であり、学力の数値目標達成を組織目標にしていて教員が活動しにくいという特徴をもつことが明らかになった。

この知見を日本の学校に適用してみると、次のようなことが言えるだろう。

第一に学校の管理統制を強化して、例えば全国学力テスト成績に関する数値目標を掲げて教員を駆り立てたとしても、バーンアウトが生じて教員組織が混乱するかもしれず、目標を達成できるかどうか疑わしい。

第二に教員ストレスの深刻さに注目すると、周囲から教員への要求が増大している側面と、ストレスの緩衝となる教員連携が弱体化している側面の双方に目を向ける必要がある。つまり、教員全員の力を存分に発揮できるような教員連携を高めるにはどうするかという課題にも注目することである。伝統的な同質で同調的な「共同」の関係では、皆が同じようにという圧力が却ってストレス源になるだろうから、そうした「共同」関係ではなくて、各教員の意見を相互に尊重しつつ、信頼感に満ちた連携体制としての「協働」関係（コラボレーション）の追求が課題になってくる。

それにもう一つ、現代の学校で新たな課題となっている子どもや保護者との関係づくりの変化について次節で取り上げたい。ごく表面的に捉えると子どもと保護者がこの二〇～三〇年間で変化したという現象であるが、ただ「変化した」で済ますのではなく、教師が両者との関係をどう見直し「立て直す」かという点にまで深く掘り下げることが重要である。特に保護者との関係づくりにこだわってみよう。

2　保護者との信頼関係

子どもと保護者の変化

一九七〇年代半ばから三五年以上も教職を続けている前出の女性教師は、若かった頃と今の学校経験との違いを何度も強調した。その違いを一言でまとめるとどうなるか。「都市近郊農村や新興団地などの勤務校を異動してきたので、厳密な時代比較にはならないでしょうし、あくまで主観的で大雑把な印象に過ぎませんが」と断ったうえで、女性教師は次のように語る。

教師になった当初の一九七〇年代は、牧歌的と言えばよいでしょうか、かなりのゆとりがありました。現在のように多くの書類作成や生徒指導関係の連絡調整で時間を取られることもそれほどありませんでしたから。八〇年代は全国的に学校が荒れた時代でした。私も中学校でツッパリたちと夜遅くまで付き合うような日々が続き、かれらにどう対応すればよいのか分からずに苦しんだ記憶があります。

ただ、反抗する中学生は集団を成して行動を表に出しましたから、子どもの荒れ自体はすぐに摑むことができ、保護者とも手を携えて事態に向き合うという姿勢を取ることができました。

ところが一九九〇年代から、子どもたちは反抗の感情や行動を表には出さなくなり、群れることも少なく各人が内に籠ったかのようです。問題が無いのではなくて、子ども同士のちょっとしたトラブルに過敏に反応しつつ、それでいて教師にはいつも世話をしてほしいと密かに欲しているようで、子どもの様子が複雑になってきました。

こうした状況はことばで表現しにくいのですが、子どもの世界が息苦しい雰囲気に包まれているとでも言えばよいのでしょうか。一九八〇年代のあからさまに荒れる子どもとは違った意味で、関係の持ち方が難しいなと感じます。この難しさは、二〇〇〇年代に入ってからいっそう強く感じるようになりました。

保護者との関係も難しくなりました。荒れる中学生の世代が今度は親となったからでしょうか、それに地域住民の転出入が増えて地域の連携が弱まるなかで保護者が個人として物を言うようになったからでしょうか、あるいは保護者の学歴が上がってきたからでしょうか、保護者は学校での勉強や生活についてよく注文を出すようになりました。七〇年代でしたら「先生にお任せします」、八〇年代でしたら「先生と一緒に対処します」といった言い方が一般的だったのに、九〇年代以後は「先生は×××してください」といった言い方に変わってきているように感じます。

それまでは保護者と学校の間に暗黙の信頼感があって、教師はその上に立って安心して仕事をすればよかったのが、今では暗黙の前提そのものが失われ、各保護者との間で信頼関係を最初から築き上げねばならない時代になったのかもしれません。

学校に限らず何事も円滑に運ぶには「信頼関係」が基本であることは言うまでもない。学校はとりわけ人間関係から成り立っているだけに信頼関係は特に重要である。ただ、それは当然過ぎるから、これまでは「大切だ」と言うだけでそれほど立ち入って検討することがなかった。そこで保護者との関係に焦点を合わせて、改めて信頼関係とは何かを確認しておこう。

「信頼」とは、対人関係で相手の考えや感じ方、行動のすべてを知っているわけではないのに、知り得た一部の情報から相手が今後に示すはずの行動を肯定的に見通す可能性のことである。同じ情報について好感を抱くものもあれば、不快に感じるものもある。仮に不快な情報があったとしても、好感を抱く結果が後でもたらされると「信頼していた甲斐があった」ことになるし、もし好感を抱いていたのに不快な結果になったら「信頼していたのに裏切られた」ことになる。

そうすると、「信頼性が低い」とは一般に次の三つの場合が考えられる。一つは相手の情報が余りに少なすぎて肯定的に見通すことができない場合。二つめに不快な一部の情報から相手をすぐさま否定的に見通してしまう場合。三つめに不快な情報が余りに多すぎて肯定的に見通せない場合、である。

これら三つの場合を学校への信頼性に当てはめてみる。もちろん地域や学校によって違いがあるので一概に言い切るのは適切ではないが、今の保護者には第一と第二の場合による学校に対する信頼感の低下が多いという傾向があるように感じられる。

第一の場合で言えば、学校の閉鎖性は保護者への情報不足となる。情報不足をなくすためには学校・学年・学級の通信や各種の通知、保護者集会での広報活動が不可欠となる。家庭訪問も家庭の様子を見聞きするだけでなく、学校や教師の教育方針を説明して理解してもらうことが広報の一環となる。

第二の場合で言えば、「教師バッシング」の風潮が影響しているだろう。それに輪をかけるのが、教員の種々の不祥事がマスコミ報道され、それが過度に一般化されて受け取られてしまっていることである。他の職業でも同じように生じる不祥事でも教員の場合にニュースになりやすいのは、理想的な「教師」イメージに合わないと考えられるからだろう。

したがって、数少ないケースだとはいえ、刑事事件を引き起こすような教師はその教師個人が問われるだけでなく、他の多くのまじめな教師への不信を誘発させることにもなるから、その責任はきわめて大きい。そして、その教師は「倫理が求められる専門職」に就いているという意識が希薄だったと言わざるをえない。

また他方、教師の方が大きな社会的変化に無自覚で、伝統的な保護者－教師関係に根付く信頼性を従来通り前提にしていれば、保護者の今の現実が分からずに齟齬が生じやすい。保護者との関係に齟齬が生じる典型的なケースが次に取り上げるクレーム（不平・不満とそれに基づく強い要求）である。

学校へのクレーム

一九九〇年代から二〇〇〇年代にかけて、全国の学校で目立ってきたのが保護者による教師へのクレームである。なかには罵詈《ばり》雑言《ぞうごん》を浴びせて無理難題を要求するようなケースもあって、「モンスターペアレント」と言う流行語も登場したが、もちろん保護者は「モンスター＝怪物」ではない。保護者のクレームには担任だけでなく校長が対応することが多い。ある小学校の男性校長が語った、ごく日常的なクレームの事例を挙げてみたい。

若い親は自分の子どものことに必死ですから、たとえば担任に次のような注文をつけることはしばしばあるのです。「先日開かれた運動会の短距離走を保護者席から見ていると、うちの子が一等のはずなのに、どういうわけか二等にさせられた。うちの子を一等にすべきだ！」。激しい物言いにつられて担任がつい「そんなことを今さら言われてもゴール到着結果はすでに判定されたわけですから、変更はできませんっ」などと返答してしまうと、水かけ論になってしまいます。

確かに混戦だったので、眺める場所によって結果が違って見えたのかもしれません。しかし、問題は判定結果がどうかということよりも、教師からすれば瑣末なことのようでも、その対応次第では保護者との関係がこじれてしまう点にあります。

この事例の状況を読み解くためには、考えるべき論点がいくつかある。

まず、そもそもクレームという行動について。クレームは学校だけに生じるのではなく、すでに百貨店や駅、病院、役所などでもよく見られるようになった現象である。一九七〇年代半ば以降の豊かな消費社会では、「市場」での各種サービスの供給者（売り手）と顧客（買い手）の関係が一つの焦点となる。商品、運輸、医療、行政の各サービスが顧客のニーズをどれだけ満たしているかをめぐる市場競争が展開される。そこで、顧客は自らの欲求をクレームというかたちで自由に突き付ける雰囲気が出来上がったのである。

次に教師へのクレームについて。学校も右記のような消費社会のなかで同じような競争に巻き込まれていく。教育サービスを供給する学校と、顧客としての子どもと保護者という「教育市場」が新たな見方となる。この教育市場では少子化が進むほど顧客に主導権があると考えられ、保護者はその欲求を学校に向けることが起きやすくなる。かつては、子どもの教育は学校にお任せといった意識だったのが、今日では学歴競争主義の影響も受けながら、保護者はわが子の教育に対する欲求水準を上げて、サービスの需要者として遠慮なくそれを学校に求めるのである。

もちろん、そこには学校教育を「市場主義」の枠組みで捉えてよいか、学校教育は果たして「サービス」かといった根本的で大きな問いがある。とはいえ、消費社会の現実のなかではそうした圧力を多少とも受けざるをえない。それに、現実的な対応で言えば、クレームのなかには教師に対する高い期待が素朴な形で含まれていることもあり、それは保護者と共に学校づくりを考えていく際の梃子《てこ》にすることができるという考え方も成り立つ。つまり、製造業の会社がクレームを商品の改善に生かすように、クレームを逆に積極的に取り込んでクラスや学校の経営に生かすという対処法である。

クレームの程度や内容は地域によって違いがある。今もなお「地域の学校」という意識が根付き、教師に信頼を寄せて学校に任せている地域もあれば、学校に通う地域の子どもたち全体のことよりも、「自分の子どものことに必死」というような顧客主義意識の強い地域もある。クレームが生じやすいのはもちろん後者の場合である。

そして、運動会での競走をめぐるクレームへの対処法について。先ほどの事例に即しながら具体的に考えよう。校長は次のように話を続ける。

この注文に対しては、担任は咄嗟に次のような判断を下せるかどうかがポイントだと思います。つまり、注文の内容とその口調から、その親のわが子かわいさの気持ちの表れだと受け止め、親としての気持ちに沿うことが第一だと判断する。そこで、その気持ちにまず耳を傾けるという態度を取る。同時に、短距離走の判定は係りが厳正に見て下していると明確に伝え、結果をいじれば当の本人も周囲もどう感じるだろうかと問いかける。そして、一等に近かったその子のがんばりを評価し、次の機会にまた挑戦しましょう、と励ます。

こうした話し合いの手順を丁寧に踏んでいけば深刻なもめ事にはならず、おそらく保護者も最終的には納得してくれるはずです。

この語りから、基本的対処法の一般的な知見を導き出すことができよう。まず、市場での顧客のような立場に立つ保護者のクレームに対しては、少しでも距離を置きながら冷静に接すること。クレームの背後に潜む本音は何であるかを探ること。保護者の欲求に共感しつつ同時に学校の基本方針や判断も明確に伝えること、などである。こうした対処は、とりもなおさず保護者との信頼関係を、教師自身が最初から創り出していく手立てにほかならない。

3　教師を育てる制度、教師が育つ道筋

新任教師のつまずき

さて、子どもや保護者は誰もが「いい先生」を望んでいる。教師自身にとっては、教職者としての「質」の向上を誰もが願っているし、教育政策の立案や教育行政の側にとっても学校教育を充実させるために「教師の質の向上」が不可欠だと認識している。ところが、「教師の質」とは何であり、「質の向上」はいかにして可能かという点になると、さまざまな意見が飛び交って錯綜するのが常である。

そこで議論を分かりやすくするために整理の枠組みを二つ提起したい。

第一に「教師を育てる制度」と「教師が育つ道筋」を区別する。教師になる前の準備段階から教職に就いてからも育っていく長い過程を考えると、準備段階は法律に基づいた基礎資格を得るために、限られた期間での表面的で形式的な学習の局面であり、教職に就いてからたどる実際の道筋は長期間にわたる包括的な体験の内実を伴った局面である。

前者の法律による制度をめぐっては、文部科学省（以下「文科省」）と教職員組合、そして大学研究者や経済界などとの間でしばしば論争となり、国会で何度も審議されるような政治事項となる。それだけに世論もつい関心が制度面に向きがちである。しかし、むしろ後者の長期に及ぶ体験的な次元に目を向けて、そこから浮かび上がる諸課題を前者の制度にどう生かすのかについてもっと検討すべきだろう。

これら二つの局面を具体的に説明する事例を次に挙げたい。ある小学校長（退・男）は指導者として若い教師に接したなかで、特に印象に残っている経験を次のように紹介した。大学院修士学位をもつ教師が行き詰ってしまったケースである。

中学校で二年間講師を勤めていた国語科の二〇代女性教師なのですが、小学校へ新任で赴任しました。修士学位をもち、優秀でまじめ、ただ少し完璧主義なところがあって、人の意見を柔軟に受け止めることができない面がありました。たぶん、優秀すぎる人は小さい時から生活にまみれて世間の酸いも甘いも嚙み分けるような人間臭い経験に欠けるのかもしれません。

中学校から小学校へ異動して全教科を担当することになり、また担任する三年生のクラスのなかに手のかかる子がいて、一気に慣れないことに直面したせいか、不適応に陥りました。最初の一か月が過ぎて教室に出て来られなくなったのです。「教師を辞めたい」とつぶやくようになりました。しばらく休みをとることになり、他の教員でカバーせざるをえなくなりました。

しばらくしてから、必要書類の件で学校の職員室へ出てきたとき、休み時間でたまたま出会ったクラスの子どもたちが「先生、久しぶり！一緒に教室へ行こうよ！」と誘ったのです。それを見ていた教頭が「子どもたちと行ってきなさい」と後押ししました。その先生はそのままクラスへ行き、それがきっかけとなって三年生の担任に復帰することができました。彼女にとっては、それが人生のなかで人間臭い最初の経験になったのかもしれません。今も教職を続けています。

このケースで特に注目するのは、「教師を辞めたい」と休職した彼女が教室に復帰するきっかけを与えたのが「一緒に教室へ行こうよ！」と気軽に声をかけた子どもたちであったことである。そして、その声かけに呼応して背中を押した教頭の咄嗟の判断も見落とせない。子どもたちによる声かけと教頭の後押しがなければ、きっかけを得ることはできず、本当に教師を辞めていたかもしれない。

「声かけ」とは普通は教師が子どもに対するはたらきかけを指すが、ここでは逆に子どもが教師に何気なくはたらきかけている。こんな思いがけない現実が「人間臭い経験」と呼ばれるのであろう。修士学位をもつことは「教師を育てる制度」上の事柄であるが、子どもによる「声かけ」は「教師が育つ道筋」に含まれる予期せぬ現実である。

第二に教師の「質」という幅広く曖昧なことばを分解してみたい。「質」はこれまで「資質・能力」とか「力量」、「職能」そして「専門性」と呼ばれ、その向上は「専門性発達」、「教師の成長」などとさまざまに言われてきたが、用語表現が違っても内容的にはそれほど大きな違いはない。ここでは「資質・能力」という用語に着目する。幅広い「質」を「資質」と「能力」の二側面に区別して整理することができるからである。もちろん、両側面は厳密に分けられるわけではなく、実際には重なり合う部分がある（両者を一体的に捉えて「資質能力」あるいは単に「資質」と表記する場合もある）。

「資質」とは生まれつきの性質で得手不得手や人柄などと関わり、あまり変化することのない個人の特性である。それに対して、「能力」とは教育によって成長して変化する知識・技術を意味する。

教職を継続できるかどうかは教師の資質と能力とに関わる。この新人教師の場合、修士修了にまで至っているから頭脳明晰であり、国語の教科専門に関する知識や技術が豊富で高い「能力」をもっていると周囲から判断される。それでも、壁に突き当たって「教師を辞めたい」とつぶやいたのは、「人間臭い経験」を含めて「資質」面での弱さを抱えていたのではないかと思われる。しかし、彼女は子どもと教頭の支えもあって教職を継続することができた。つまり、「資質」とは言っても、それはまったくの不変ではなくて、周囲の援助によってある程度の広がりと豊かさを得ると考えることができる。

以上のように、「教師を育てる制度」と「教師が育つ道筋」そして「資質」と「能力」について眺めてくると、教職資格と資質・能力の関係をどう捉えるかという問題に至る。

教職資格と資質・能力

教師を育てる基礎となるのは教員養成制度である。その制度を支えるのが「教育職員免許法」(施行規則を含む。以下「教免法」)で、教員免許の種類(普通・特別・臨時の各免許)や授与される教科、専修・一種・二種という免許ランクと学歴との関係、授与権者(都道府県教育委員会)、資格取得の単位修得方法(教育実習を含む)などを取り決めている。最近では免許状の有効期間と免許更新講習などが新たに規定された。つまり、法規定は教職資格についての重要な基本的な取り決めである。

教員になるには、まず教員養成系大学・学部または一般大学(短大を含む)の教職課程で教免法が定める単位を修得(見込みの場合も含む)して授与権者から教員免許状が授与された(される)後、都道府県(市)ごとに毎年実施される教員採用試験を受けて合格し、新採教員として配属される学校に赴任するという手順になる。

採用試験は基本的に、筆記、小論文、面接(個人・集団・模擬授業)、実技、適正検査の五種類で、具体的な内容は各地域の採用試験によって異なる。ごく限られた日数で大勢の受験者を一斉に審査するので、試験当日に示された能力の一面しか見られないという限界がある。

そこで重要なことは、教員免許と採用試験合格は不可欠の基礎資格ではあるけれども、その基礎資格が教師としての資質・能力の全体を表わすわけではない、ということである。しかも、教員免許の法規定の内容は能力の側面に片寄っていて、資質の側面はあまり表わしてはいない。にもかかわらず、「いい先生」に関する議論はもっぱら教員養成制度の教職資格に焦点が絞られる。制度改革は法律改正によっておこなわれるから、教職資格の法改正に議論は集中する。具体的には、免許は恒久的でなくて一〇年の有効期間とする、大学院修士修了を基本的な学歴資格とする、新たな上級免許資格を設ける、などのように。

それらの改革案のうち一〇年ごとの教員免許更新制は実際に導入されたが、廃止すべきだという議論も続いている。それは大きなニュースとなるから人々の関心もいっそう法制度改革へと向かう。問題は、そうした関心の流れのなかで、教職資格自体が教師の資質・能力全体を示しているかのような印象を与えてしまうことである。

たしかに、教職の学歴資格に関する国際比較の一覧表を眺めると、短大の準学士卒よりも四年制大学の学士卒の方が、そして大学院の修士修了の方が専門性も能力も高いという印象を受けるだけに、国による学歴資格の程度の相違が一目瞭然である。ただし、それはあくまで教職資格としての学歴について国ごとの制度的平均を示すものであり、各国の各教師の資質・能力の全体を表わしているわけではない。

国際比較で見ると、先進国のなかで日本は修士学位をもつ教師がまだ少ないので、国として見劣りするという理由から、それに保護者の平均学歴も上がっているから教師の学歴はより上位の学位が求められるという議論が高まっている。二〇〇〇年代半ばに高度専門職業人養成としての教職大学院が設置されるとともに、さらには教職資格を修士修了とする改革案が浮上した。すでに一九七〇年代後半から八〇年代にかけて全国で三つの新教育大学院が設置されており、修士学位の専修免許も創設されてはいるが、修士学位をより重視した新たな制度改革案である。

しかし、他の先進国並みに教職資格を高学歴にすれば教師の質が向上すると判断するのは、「教師を育てる制度」のみに注目した書類上の帳尻合わせのようなものであり、現実の教職生活のなかで生きた経験を通して「教師が育つ道筋」を見落としている。

修士修了を基礎資格にすれば資質・能力のうち能力の側面に力点が置かれ過ぎないか。新人教師の例で見たように、修士修了の教師は教科専門に関する知識や技術は豊富だとしても、「手のかかる子」とどう向き合うのかなど、実際の教室場面で求められる資質面はどうなるか。学歴資格だけを形式的に上げても、大学院での教員養成カリキュラム改革が伴わなければ質向上の実効性は上がらないのではないか。あるいは、教員養成期間が四年から六年に延長されれば学費と時間がかさむだけに教師になろうとする学生が減り、若い教師世代の質が平均的に低下するのではないか、といった危惧がある。

したがって、「教師を育てる制度」として学歴と教職資格から議論をスタートさせるのではなく、あくまで資質・能力全体の検討から出発すべきであろう。「教師が育つ道筋」から考えれば、大学を卒業して教職に就き、数年ほどの現職経験を積むなかで抱いた諸課題について、改めて大学院に入って研究し直す機会を得た方が教師のニーズに合う。そうした見つめ直しの機会が教師のメンタルヘルス(心の健康)にとっても益となるはずである。

できれば勤務を続けながら気軽に大学院に通えるような、研修時間の配慮や大学が社会人院生受入れの柔軟な教育条件を整備することこそ肝要である。そうした条件整備をおろそかにして、最初から一律に修士学位を必修の教職資格にするだけでは種々の弊害が生じるであろう。ニーズに見合う大学院教育に魅力を感じたら、もともと勉強熱心な日本の教師はおのずと大学院での学びを求めていくだろうし、結果的に修士号をもつ教師が増えていくはずである。

4　政策に翻弄される教師

曖昧な免許更新制

戦後に出発した教員養成制度と教員免許制にとって、最大の改変が二〇〇九(平成二一)年度から導入された教員免許更新制(以下「免許更新制」)であった。教員免許の有効期間を限って、一〇年ごとに更新講習を受けて試験に合格しないと免許が更新されないという仕組みである。

教師バッシングの風潮下では「恒久的な免許では教員が安逸に流れるから、講習を受けさせて試験をするという制度は不適格教員をチェックできるし、すべての教師に常に緊張感を持たせられて良いではないか」といった言い方が返ってくるかもしれない。しかし、それは新制度についてあまりに知らなさすぎる安易な判断である。いくつかの理由がある。

第一にこの新制度は十分な設計準備をしないまま見切り発車した。その目的は後に説明するように曖昧で矛盾をはらんでいて、導入前から多くの批判が挙げられていた。

第二に「教師を育てる制度」としては、不適格ないし指導力不足の教員への対処をはじめ、さまざまな教員研修の取り組みが教育公務員特例法（以下「教特法」）を中心に整備されているので、あえて新制度を付け加える必要は無い。

第三に日本の小中高教師の平均的な質の高さは国際的に定評がある。一九六〇年代から七〇年代にかけて日本が高度経済成長を遂げた時期に、その背景について検討したアメリカの研究者たちが共通して指摘したのは、高水準の学校教育が有能な人材を輩出していることであった。その高水準の背景の一つとして教師の質の高さが挙げられた。つまり、多人数のクラスで一斉授業を実践する技術、学校内の規律ある生活に向けた指導体制、家庭訪問による子どもの環境理解と保護者との交流、職員室での同僚との議論、授業公開を中心とする研修などに示される教師の勤勉な職務態度である。

日本の教師に対する国際的な評価は今日に至るまでそれほど大きく変化していないと思う。したがって、専門職としての教師の出発点である教員免許の地位を国全体としてあえて格下げするような制度は世界でも例が無いだけに、世界の国々は、日本での免許更新制の導入を不思議がるのではないか。

ただ「はじめに」で触れたように、一九八〇年代以降になって、消費社会化、情報化、高学歴化、少子化などのうねりのなかで学校を取り巻く家族や地域環境が大きく変化し、校内暴力や不登校、いじめなどの新たな教育問題が生じた。それに対する教師たちの当初の対応が不備であることを知った国内の世論が、教師の質に対して疑問を抱き始めたのである。

免許更新制の議論が始まったのは、一九八四年から三年近く開かれた臨時教育審議会(以下「臨教審」)のなかで不適格教員を排除すべきだという議論が沸き起こってからである。それから二〇年余りの間、免許制度改革の動向は紆余曲折を経るが、二つの特徴を指摘できる。一つは教師バッシングの風潮に乗りながら、種々の学校教育問題の責任は教師にあるという議論の立て方が見られたこと。もう一つは教免法の教員資格規定と教特法の研修規定に関する法改正がせめぎ合うような結果となり、両者を総合する教員政策全体の改革計画には達しなかったこと、である。

臨教審ではすぐさま免許制度を改変することにはならなかった。ただ多くの不適格教員の批判が出されたことから、教特法が改正され、一九八八(昭和六三)年に「初任者研修」の必修化が新たに図られた。

「不適格教員」(あるいは「問題教員」「ダメ教師」)という用語はイメージだけで流通しているので、その意味は明確にしておかねばならない。この語は地方公務員法第二八条にある職員の降任・免職条項「一 勤務実績が良くない場合 二 心身の故障のため、職務の遂行に支障があり、又はこれに堪えない場合 三 前二号に規定する場合の外、その職に必要な適格性を欠く場合」を教員に適用したものである。また、同法第二九条の懲戒条項「……二 職務上の義務に違反し、又は職務を怠った場合 三 全体の奉仕者たるにふさわしくない非行のあった場合」の適用によって懲戒対象となる教員のことである。

ここで注意しないといけないのは、免職・懲戒対象の「不適格教員」と「指導力不足(指導が不適切な)教員」とは基本的に異なることである(ただし、第3章でも述べるように、「指導力不足」と認定された教員に対する「指導改善研修」によっても、なお改善が見込めないと判断される場合は分限免職の審議対象となることがある)。

臨教審が最終答申を提出してから一〇年余り経った二〇〇〇(平成一二)年に、「教育改革国民会議」が「免許更新制の可能性を検討する」と結論づけてから、免許更新制度化が本格的に動き始める。すぐに中央教育審議会(以下「中教審」)で審議されたが、実施には難点が多いと免許更新制は見送られ、その代わりに「教職一〇年目研修」が二〇〇三(平成一五)年から新たに導入されることになった。「初任者研修」に次ぐ法定必修研修である。

一度は見送られた免許更新制案は二〇〇六(平成一八)年、中教審で再び取り上げられ、今度は「適格性」ではなくて、教員の知識・技術を定期的に「刷新」(リニューアル)するという新たな目的が提言された。目的を変更する理由は、免許取得段階では「適格性」が審査されていないために現職段階で問うことはできず、また公務員全体の適格性が審査されていないために、教員にだけ問うのは平等性を損なうためである。

指導力不足や不適格が疑われる教員については教特法の研修規定で定める「指導改善研修」で扱うことにする、と当初からの「不適格教員の排除」という問題が切り離されて「刷新」が急にクローズアップされた。ちょうど日本の子どもたちの学力低下をめぐる論議の高まりとも呼応し、「刷新」の必要性が根拠づけられる形となった。

知識・技術の「刷新」という基本方針のもとで三〇時間の教員免許更新講習（以下「更新講習」）を一〇年ごとに課す免許更新制を新たに導入するという「教免法」改正案が、当時の安倍晋三首相の強い意向もあり、他の教育改革関連二法案とともに二〇〇七（平成一九）年六月に衆院本会議で与党多数のもとで強行採決された。改正教免法の施行により、二〇〇九（平成二一）年度から免許更新制が導入され、全国の大学などで三五歳・四五歳・五五歳の現職教員を対象にした一日六時間で延べ五日間の更新講習が始まった。

なるほど「適格性」から「刷新」へと転換されて、免許更新の目的は幅広く一般的で、また人々に賛同を得られやすいものに変わったとは言える。しかし、最初は「適格性」のチェックが目的だったという経緯からしても、これら二つの目的は実質的には明確に区別されずに人々の受け止め方も曖昧なままである。

もちろん、誰もが納得するように評価基準を明確にしたうえで、その基準に即して不適格性や指導力不足を判定せざるをえない教師が存在することは、残念ながら事実である。しかし、そうした教師はほんの僅かであり、第3章で述べるように「指導改善研修」制度が設けられていて、どうしても効果が見られないときは、事務職員など他職種への異動や分限免職の仕組みがあって対処できる。にもかかわらず、ごく僅かの教師のために他の大多数の教師の免許更新を実施するという必然性はきわめて理解しにくい。

免許更新講習の問題点

多忙な勤務のなかを無理して学校を離れて講習を受ける教師だけでなく、長期間の準備を必要とする講習を開催する大学関係者も、そのほとんどが制度導入に反対だった。しかも、中教審の審議で一度は見送りになったにもかかわらず、結局は政治的な力で導入された。講習の実施に向けて煩雑な実務に追われる文科省や教育委員会事務局の担当者も積極的になれるはずはない。法律で決まったことだから仕方がないと、関わる者のほとんどすべてが消極的な態度を取る制度がまかり通ることになった。そんな制度だから早晩行きづまることは目に見えている。その理由を三つ列挙しよう。

(1)「刷新」で資質・能力は向上するか。一〇年に一度、大学などでのわずか三〇時間の講義中心の方法で教師の質がすぐさま向上するとは考えにくい。資質・能力の二つの側面で言えば、能力面のごく一部が啓発される程度であろう。もちろん熱心な教師ならば、その啓発を契機としてその後も自己研鑽を積み、更新講習が効果を上げることもあるかもしれないけれども、講習と試験が終わればそれっきりという教師も多いに違いない。

もともと制度立案の途中で「不適格教員の排除」から「知識・技術の刷新」へと急に目的が変更されたので、「刷新」が資質・能力の向上にとってどのように位置づけられるかの全体的な探究がないのである。最初の目的に従うならば、指導力不足教員の「指導改善研修」こそが主題であり、すでに二〇〇八年度から各地の教育センターで丁寧に実施されている指導改善研修の成果を総合的に検討するのが本筋である。なのに、そちらは各教育委員会の任務だとして、免許更新制としては関知しないことになってしまった。教特法を含めずに教免法の改正ばかりに目を向けたことで基本目的がすっかり曖昧になった。これでは更新講習の成果も中途半端にならざるをえない。

(2)「講習」と「研修」はどのような関係か。教特法で定められ職務の一環である「研修」と異なり、教免法改正による免許の更新は個人の責任とされ、「講習」は受講料と旅費等すべて自己負担である。しかし、それは事務手続きの違いであって、資質・能力の向上という目標では両者は重なるにもかかわらず、講習の場合だけ何万円もの経費負担がかかることは説明がつきにくい。

事実、一〇年経験者「研修」と三五歳対象の免許更新「講習」とがぶつかることになってしまった。三五歳対象者は学校を離れる期間が長くなり、学校にとっても中堅教員が長期に不在となる痛手を被るという矛盾が生じた。各地から指摘を受けて、その場合は一〇年経験者研修の時間を短くしてよいと文科省は慌てて措置した。この矛盾は当初から気づくはずなのに、制度設計上「研修」との関係調整が欠落していたことを示している。

(3)大学の役割は何か。更新講習の実施は大学に「丸投げ」された。普段からそれなりに教員研修との関わりがある少数の大学・学部は別にして、多くの実施大学にとっては大きな荷物を突然に背負わされたというのが現実である。もちろん、この講習がきっかけとなって大学と学校現場との交流が生まれ、教員研修にも大学が関わる機運が高まればそれにこしたことはない。しかし、免許更新制の今後の存廃が不透明という状況では、大学が落ち着いて学校現場との豊かな交流を図る姿勢を確立することは難しい。

更新講習受講後のアンケートには「講習内容は実践には役立たない」といった否定的評価がある一方で、「講習内容はためになった」とか「現代的課題の知識を得た」といった肯定的評価がかなり回答されていて、それが更新講習は継続すべきという主張の論拠になっている。しかし、久しぶりの大学で最新の講義を受けるのだから、ためになったという感想が聞かれるのは当然のことで、もし否定的評価ばかりなら、それこそ大学の存在意義は無い。つまり、肯定的評価は更新講習に対してというよりも大学での受講に対する意味合いが大きいと考えられる。原理的な理論を説きやすい大学だからこそ「実践に役立たない」という否定的評価にも結び付くのである。

以上、三つの問題点を指摘した。次に、「教師が育つ道筋」の観点から免許更新制の問題点をさらに三つ追加しよう。

免許更新制で教師は育つか

(4)教師自身の学習動機づけは何か。日頃から熱心に仕事をこなし、常に新たな知識・技術を吸収している教師にとっては、更新講習受講による免許更新は、時間が取られるにしても心理的にはそれほど負担にはならないだろう。しかし、そうした教師でも受講を強制されれば、日頃から自信をもっていたはずの専門性への意識が萎えてしまったり、試験を受けることで屈辱感のような気分を少しでも味わったりすることになるかもしれない。あるいは、日頃から研修経験に乏しく、新しい知識・技術の習得もできていない教員にとっては、またとない「刷新」機会と受け止められれば良いが、免許剝奪への不安や恐れを抱くと、それは受身的な受講態度を生み出し、望ましい学習の広がりや深まりを得ることは難しくなるだろう。つまり、不安や恐怖を与えることは真の学習動機づけにはならない。それに、一〇年に一度の五日間だけをじっと辛抱しておればよいのだ、といった消極的受講態度も出てきやすい。

講習機会を一方的に形式的に与えるやり方では学習動機づけにはなりにくい。そうではなくて、あくまで各教師が学校現場で課題に直面して学びたいという意欲が内発的に生まれたときに動機づけとなりやすいのだから、どのような学習機会をどのように提供できるのかを柔軟に準備することこそ重要である。

(5)現職教員を成人学習者として捉えられているか。更新講習の対象は三五歳・四五歳・五五歳の現職教員である。たとえ事務的な配分でそうなったとしても、思いがけず浮き彫りになったのは五五歳教員である。というのも、この年齢は各地の教育センターでも管理職研修を除けば研修対象にされずに忘れられていた層だからである。

大多数の教員が管理職(校長・教頭など)には就かない非管理職系の教職経歴を歩むことや、文科省が毎年その実態を公表しているように、指導力不足教員は意外にも五〇代に現われやすいことを勘案するならば、五五歳は重要な講習・研修対象となる。定年退職を控えた教員や依願退職を考え始めた教員が、最後まで手を抜くことなく子どもに関わりながら教職生活を全うできるかどうかは、勤務校の教育の質を左右するからである。

ところが、これまでの「教師を育てる制度」では管理職系教職経歴をモデルとし、非管理職系経歴についてはほとんど注目してこなかった。結果的にその虚を衝くことになったのが免許更新講習である。

そこで、多くの非管理職系教員も見落とさずに、現職教員が大学で学ぶことの方法について検討すると「成人学習」の特徴を踏まえることが大切であると分かる。世界の生涯学習研究で指摘されている通り、「成人学習」の主な性格は自己学習であり、周囲から最小限の援助を受けつつも自分自身で学ぼうとするスタイルである。職業経歴の長い者ほど自己の経験を省察することを通して知識・技術を「模索」しようとする。それに対して「青少年学習」の場合は指導者の最大限の援助を受けながら知識・技術を「付与」してもらおうとする性格が強いスタイルである。

これら二つのスタイルに沿うと、更新講習は成人学習のスタイルに従うことで目標を達成しやすくなる。せっかく年齢の異なる教員が集まるわけだから、かれらの教職経験を交流しながらそれらを最新の専門的観点から省察していくことが要請される。ところが、若い世代から成り立つ大学では伝統的な青少年学習スタイルになりやすく、成人職業人を相手にするとギャップが生じやすい。

この難点を克服するには小人数の演習形態を採用することが望ましい。五日間集中の更新講習では一部の専門教科に関する選択科目は別にして、教育の最新事情といった必修科目に典型的に現れるように、多人数の一方的講義形態になりやすく、それでは成人学習スタイルに沿わない結果となってしまう。せっかく全国で大規模な講習を実施しながら、それが本当に「教師が育つ道筋」にとって貴重な機会になり得るのか、大いに疑問である。

(6)免許更新制は形骸化するのではないか。これまで受講を終えた教員の圧倒的多数は試験に合格し免許を更新した。そして、ごく僅かの教員が更新を果たさなかったが、そのほとんどは受講しなかったためで、免許失効前に辞職した教員が含まれる。つまり、まじめに答えていれば白紙答案でも出さない限り、全員が試験に合格する実態が出現している。それは知識・技術の「刷新」という目的に合致しているとも言えるが、実質的には免許更新が自動的になされるのに等しいものとなり、免許更新制が形骸化する性質を帯びてくる。もし免許更新制が意味をなさないのであれば廃止すべきである。そして、更新「講習」は従来から全国の各地域で根付いている「研修」に組み入れてはどうか。新任一～二年間のきめ細かなサポートは言うまでもなく、教職経験年数に応じた幅広い資質・能力の向上に本格的に寄与できるような現職研修の充実をはかる方策こそ選択すべきであろう。

第2章　教師の質とは何か

1　教師の「質」を解きほぐす

「教師の資質は子どもが好きなこと」か？

さて、「いい先生」や「期待する教師」については、これまで研究者や教育委員会などによってアンケート調査がおこなわれてきたが、どの調査の回答もほぼ似通っている。小中高生は「授業が分かりやすい」「親しみやすい」「公平性」などを、保護者は「教育への熱意がある」「子どもに愛情をもつ」「授業が分かりやすい」などをいつも上位に挙げている。

そうした子どもや保護者の要望にも沿うように、資質・能力の向上が必要ということには誰もが賛同し、教育改革が論議されるときにはいつも教師の資質・能力向上が高らかに叫ばれる。ところが、資質・能力の意味はなお曖昧であり、資質・能力の向上に関する意見の前提が食い違っていたりして、議論が錯綜していることがしばしばある。

まず、資質と能力との関係について細かく検討してみよう。小学校教師（退・男）が挙げた次の事例は、教師の資質として普段何気なく理解していることに見落としがある点を指摘している。

教師に望まれる資質として「子どもが好きなこと」がよく言われます。私の周辺にも「子どもが好き」と口癖にしている同僚がいました。ところがよく見ていると、それは半分の事実しか言っていないことに気づきました。つまり、気の合う子どもは好きでも、そうでない子はそれほど好きではないのです。教師も生身の人間ですから、どんな子どもでもすべて好きというわけにはいかないと思います。

三〇人のクラスだったら、なかに数人は聞き分けのない子や肌の合わない子、目立たない子がいるはずです。そうした子どもたちのことはつい除外して、残りの大部分の子どもを念頭に置いて子どもが好きだと言ってしまいがちです。問題は無意識的に除外されがちな子どもたちに対して担任教師はどう接するのかということです。「子どもが好き」という教師の資質の真価が問われるのは実はその点にこそあるのではないでしょうか。

そこで、「子どもが好き」という言い古された表現は次のように修正すべきでしょう――「たとえ肌が合わないと感じる子でも、意思疎通をはかってその子を理解しようと最大限努力するのが子どもを好きな教師である」と。

「子どもが好き」という態度は教師の資質の側面に属する。しかし、「たとえ肌が合わないと感じる子でも、意思疎通をはかってその子を理解しようとする」資質を発揮するためには、子ども理解に関する一定の知識と技術を必要とする。たとえば、その子どもの発達段階の特徴は何か、子どもがつくウソにどんな意味が潜んでいるか、その子の背後にどのような家庭背景や地域背景があるか、などは子ども理解の基本的知識であり、そうした知識を得ながら指導に生かすことのできる技術である。

子どもと向き合うときのそうした知識や技術は能力の側面に属する。大学の教職課程で学生に向かって「子どもを好きになりなさい」と伝えたところで、学生がそれを具体的に摑むのは難しい。しかし、子ども理解の知識や技術を指導すれば能力として身につけることは可能である。そして、その能力は教職に就いてからも毎日の経験や日頃の研修を通じて磨かれていくだろう。

つまり、「子どもが好き」であることは教師の人間性としての資質だけに根ざすのではなく、能力の側面がないと実は子どもが好きな教師にはなれないのだ。逆に言えば、能力を高めることによって、肌が合わずに手がかかり過ぎる（と感じる）子どもが苦手という根深くて固定的な資質にも少しずつ変化が生じるかもしれない。知識と技術に基づいて積極的に努力した結果、あれだけ頑なだった子が少しでも反応を見せたことがきっかけとなって、その教師は気が合わないと感じていた子を徐々に好きになっていく、というように。

資質・能力とコンピテンス

ところで日本語の「資質・能力」は、一九八〇年代後半から英米の両国を中心に頻繁に使われるようになった「コンピテンス」(competence)にほぼ近い。英和辞典では能力や力量と訳されるが、学術用語としては専門職としての教師が知識と実践を総合する幅広い力量を意味する。

教師が個人として保持している単なる「知(識・思考)力」(アビリティ ability)や「技術」(テクニック technique)に止まらずに、知識や技術を新たな状況にふさわしく発揮することができ、確かな成果を産み出すことのできるような、教師と環境とを関係づける「技能」(スキル skill)を核とした広い意味合いである。つまり、変化の激しい時代の学校現場で、どのような学校環境でも、どの子どもに対しても成果を出せるように積極的に応用していくことのできる力量を指している。

しかも、教師個人が単独で取り組むのではなく、学校組織のなかで同僚教師や保護者とも協働しながら、普段とは違う困難な局面が生じても的確に対処することができる力、さらには学校組織を改革していく実践力も含む幅広い力量がコンピテンスである。そうすると、日本語の資質・能力の用法とは次のように若干の相違があることに気づく。

コンピテンスは資質よりも能力の側面に力点を置いている。その背景には教職観の違いが存在するだろう。日本では聖職あるいは人格者としての教師という職業観が伝統的に強かったし、授業だけでなく、しつけから進学・就職の指導までを含む生徒指導や、部活指導、家庭訪問、校外でのスポーツクラブの指導など、その役割は多岐にわたって広がる性格をもつだけに、資質の側面が英米よりも強調される。

これに対して、英米では一般に教師の専門的役割は授業を中心に限定的に捉えられ、他の役割については別の専門家(カウンセリングもおこなう「スクールソーシャルワーカー」など)や学校ボランティアに委ねられるだけに、コンピテンスは能力に比重が置かれる。ただし、問題解決への積極的な態度などを含む幅広い捉え方なので、資質の側面と無関係ではない。コンピテンスは、特定の状況で子どもの学力達成の成果を産み出すことのできる力量に注目する。それに対して、日本の資質・能力では、子どもや保護者そして同僚教師を含む学校組織との関係づけや、成果の産出をそれほど強調してこなかった。おそらく資質の側面を核として、完成した人間個人を浮かべる教師イメージが伝統的に強かったからだろう。

とはいえ、一九七〇年代後半から顕著になる高学歴化と消費社会化、情報化そして価値の多元化が急速に進んだ現代日本では、教師に求められる資質・能力についても能力の側面が少しずつ膨らんでいる。そうすると、コンピテンスとの細かな違いは、教師と環境との関係づけと成果の産出という側面をどれだけ重視するかという点に絞られる。

この点に着目すれば、日本の場合も従来からの資質・能力の捉え方にさらに三つの視点を追加する必要がある。第一に環境との関係づけとしての対人関係の重要性であり、第二に環境のなかに生じた新たな問題を解明し、問題解決の成果を生み出すように環境にはたらきかけて不断に探究していく姿勢の重要性であり、第三に探究姿勢にとって同僚教師との協働関係の重要性である。これら三点のそれぞれについて、さらに検討していこう。

2　資質・能力の多様な側面

対人関係専門職としての教師

教職は子どもとの関係はもちろん、保護者との関係を抜きにして考えることはできない。もっとも、そうした人間関係そのものは当然過ぎるために真正面から取り上げて議論されることは少なかった。もっぱら毎日の授業でどのような内容をどのような方法で教えて、どれだけ学力を向上させるかという点や、問題を抱えた子どもの生徒指導をどうするかという点での議論に集中してきた。ましてや保護者との人間関係になると、表立った議論はなくて各教師の個別の取り組みに委ねられてきた。

第1章で保護者からのクレーム問題も取り上げながら、従来では自明の前提として考える必要もなかった「教師と保護者の信頼関係」の構築が最近の学校では新たな課題となっていることに触れた。

そうした点からすれば、人間関係の視点を正面に据えて教職を捉え直す必要がある。その際に参考となるのが「対人関係専門職」という考え方である。対人関係専門職とは、医師・看護師・カウンセラー・介護士・ソーシャルワーカー・弁護士・教師に共通に見られるような「対人関係」を核とする職業を指す。

専門的な知識・技術としては医療・心理・福祉・法律・教育と異なるけれども、患者・高齢者・依頼者・生徒・保護者などの他者に寄り添いながら、さまざまなニーズに応え、抱える問題を解明し、問題解決に向けた手立てを講じて、他者の生活の充実に資することによって、他者から喜ばれ満足されるような関係を築き上げることでは共通しており、その共通点を独自性とする専門職を総称したものである。

常に子ども一人ひとりに相対しながら、その成長・発達にはたらきかける教師は対人関係職としてきわめて専門性が高いはずなのに、教える知識・技術の面から見て、医師や弁護士ほど専門性は高くないと判断されるのは、専門職の片寄った捉え方である。

そこで、この対人関係という視点に絞って、これまで論じてきた教師の資質・能力に関する論点を整理し直すと以下の三つになる。
(1)子どもや保護者に対する関わり方で求められるのは、誠実さなど基本的な人柄を含む「資質」はもちろんである。その上で、個々の状況に応じて適切に対応できる対人関係「能力」を欠くことはできない。
最近では教師の「ソーシャルスキル」(状況のなかの人間関係能力)が重要だと主張され、現職研修にしばしば「コーチング」が取り入れられるのも、この「能力」と関わる。コーチングとは、日常的なことばのやりとりなどを見直しながら信頼関係を図り、相手の潜在的力を引き出して目標達成を実現するためのコミュニケーションスキルの訓練である。
(2)対人関係「能力」は教員養成段階での教育や教職に就いてからの現場経験によって磨くことができる。仮に変化しにくい人間性の「資質」にいくらかの弱点があったとしても、教育と経験を通じて習得される「能力」によってある程度はカバーできるだろう。
(3)それとは逆に、「資質」に決定的な問題があって、教育と経験をいくら積んでも対人関係「能力」を磨くことがきわめて難しい場合には、その人は対人関係専門職としての教職には不向きであり、他の職種を選択した方が当人にとっても幸せであると判断される。

常に探究する姿勢こそ大切

また仮に、教師の資質・能力とは授業で教える知識と技術だと狭く捉えるとして、いくら学習指導要領や教科書で標準が示されるとしても、どの学年を対象に何をどのように教えるのかについては、今日のような消費社会そして情報社会のなかでは、常に変化する学校環境を念頭に置いて柔軟に探っていくことが要請される。

しかも、ゆとり重視か学力重視かと論議されるなど目まぐるしく変わる教育改革のなかでは、しかも経済不況下の生活変動に伴って子どもがさまざまな問題を抱え込む学校現場のなかでは、教える知識と技術が従来からの型通りのままでは、子どもたちとの接点も失ってしまうだろう。教師の資質・能力で何が一番重要と考えるかとの問いに対して、高校教師〔退・男〕は次のように語る。

生徒は学校やクラス、そして一人ひとりによって学力的にも勉学態度の面でもさまざまですから、教科を教える場合にはそうした生徒に合せて内容も方法も工夫しなければなりません。ある一定の知識・技術がいつもそのままの形で使えるとは限らないのです。

そこで、あるまとまりをもった知識・技術そのものよりも、むしろ知識・技術を生徒に応じてどのように変化させていくか、あるいは新たにどう開発していくかという、常に研究していく態度こそが教師に求められると思います。

探究心と言ったらよいのでしょうか、それが教師の成長の原動力にもなるのではないでしょうか。生徒指導関係でも時代の変化のなかで次々と新しい問題が出てきますから、この探究心が必要です。常に研究していく態度、つまり探究心が無くなったら、それこそマンネリに陥り、資質・能力も低下して教師の成長は止まり、目の前の生徒に対応することはできないでしょう。

この内容は小中の教師にもそのまま当てはまる。この語りで強調されている「知識・技術を生徒に応じてどのように変化させていくか」という視点はスキルの考え方に近い。そして「新たにどう開発していくか」は、一定の成果を生み出すまで「常に研究していく態度」を必要とし、この探究心はコンピテンスの基盤であり、それは資質の方に属する性質をもっている。

探究心は授業の教材研究であれ、生徒指導、学級経営、保護者との人間関係であれ、教師の職務すべての領域で発揮される実践の原動力になるものである。つまり、探究心が発揮されないと原動力が弱くなり、実践すべてが振るわなくなるだろう。

大学の教員養成で専門教育を論じるとき、真っ先に挙げられるのは教科に関する専門的知識・技術である。しかし、具体的な知識・技術を習得する際に不可欠な探究心を見落としたまま、既成の知識・技術の体系を表面的に理解するだけに止まれば、果たして教師の資質・能力を培うことができるだろうか。探究心を持続的な資質にも根ざすものとして培うことは、それこそ大学に与えられた重要な役割のはずである。

個業から協業へ

教師は「教員」として学校組織の職務上の諸制約があって、理想を目指す「教師」の夢を果たせない場面も出てくる。「教師」と「教員」の両面の対立葛藤が個人内で生じたとき、その対立葛藤をどう克服するのかという課題を考えると、そこに浮上するのが教師の協働関係である。

「はじめに」で紹介したのは、学級崩壊の状態を新たに赴任した担任が立て直した例であったが、一九八〇年代には一人の担任では対応しきれない「荒れる学校」の現実が全国で吹き荒れた。荒れる学校は一人ないし少数の教員で克服できるものではない。その学校の教員が結束して「荒れる」現実と向き合い、校内研修で検討を積み重ねながら、それまでの取り組みを根本から見直して新たな実践を協働して開発していくことによってはじめて克服できるもので、そうした地道な実践事例はこれまで全国各地で数多く報告されてきた。そうした報告を見れば、学校の実践的指導力というのは、教員個人の力量というよりも学校全体の指導力として立ち現われるものであることがよく分かる。協働による学校改善の取り組みのなかで、教師個人も成長発達するというのが大方の姿である。

第１章で述べたように、現在の学校では子どもや保護者のおかれている状況や要求が多様化しており、そうした実態を的確に把握しつつ、それぞれとの関係を創っていくことが難しいという新たな困難さがある。それだけに教員の協働に基づく学校全体の実践的指導力を発揮していくことがいっそう求められる。

さて、「協業」とは、ある業務を多くの労働者が分担し合って組織的に働くことを意味するが、それに倣って一人だけで働く形態を仮に「個業」と名付けよう。「協業」と「個業」を比喩的に使うと、教職は一般に「個業」というイメージで受け止められがちである。一人の担任がクラスで授業している光景を頭に浮かべるからだろう。クラスの問題解決は「担任の力量」次第と言われるのも「個業」であることを象徴する表現である。

しかし、クラスの問題がきわめて深刻で、しかも他クラスとも関わるような場合には学校全体で問題を共有し、教員集団全体で克服を目指さないと対処できない。そうでないと担任教師はストレスが昂じてバーンアウトに陥ってしまう。事実、そうしたケースが増加していることはすでに広く知られている通りである。

そうであるなら、教職そのものの全体イメージを「個業」から「協業」へと切り替える必要がある。にもかかわらず、教員養成をはじめ新任研修やその後の現職研修のいずれの段階においても、今もなお暗黙のうちに「個業」イメージに支配されているのではないか。したがって、資質・能力も個人のものとして理解されているのではないか。

日本の学校現場では古くから「要は教員(師)集団の問題だ」という言い方がされてきた。「個業」イメージの下でも実際には「教員集団」として動く場面があった。ただしその場合には、第1章でも述べたように、他の同僚教員とすべて同じように振舞って一致結束するという伝統的な「共同体」のような関係に依拠しがちであった。

しかし、それでは多様性と変化を常とする現代社会での学校の教員集団として相応しくない。教員各人が個性をもちながら同時に共通する学校教育課題に向けて各自が異なる力量を発揮してコラボレート(協働)するような教員集団が探求されるべきである。それが「協業」としての教職にほかならない。

もともと個人主義の風土をもつ英米では、教師の活動も個人主義的で教師一人の枠組みのなかで捉えられてきた。教師の専門性も個人の枠内で捉えられてきたこともあって、他の同僚との協働は考えられなかった。ところが、一九八〇年代以降の教育改革の大きなうねりのなかで、OECD諸国では「勤務学校に即した」(school-based)改善が追求されるようになり、教師の「協働関係」が強調されるようになった。

そして、大学院修了を基礎とするような教師個人の専門性を追求し過ぎることが子どもや親のニーズから遊離した独りよがりに陥りやすいという反省もあって、「同僚教員間連携」すなわち「同僚性」(collegiality)が強調されるようになった。「個業」から「協業」への認識の転換である。

ところが、日本では一九八〇年代の「荒れる学校」を教員集団として乗り超えた後、いっそう緊密な同僚教員間連携が求められているにもかかわらず、九〇年代以降に若い教師世代が登場するにつれて「協業」志向は弱いように感じられる。その理由としては、世間一般の私生活中心主義《プライバタイゼーション》が教師の世界にも浸透していることが挙げられる。さらに重要な理由として、すでに「共同体」的な教員集団が崩れ去り、それに代わる新たな「協働関係」が未確立で、そのために今の時代に相応しい教員集団が形成されにくいことが考えられる。

3　資質・能力の六層構成

資質・能力は六層から成る

以上三つの視点も含めて広く検討してくると、教師の資質・能力はさまざまな力量が総合的に積み重なっていることに気づく。全体で六つの層から構成されると考えたい。つまり六層の総体が１節で述べたコンピテンスに相当すると言えよう（表**２-１**）。

まず層の構成原理を説明しておきたい。ＡからＦに向かうほど「資質」的側面が強くなり、逆にＦからＡに向かうほど「能力」的側面が強くなるという配列である。そしてＡからＦへの順序は外から観察・評価しやすい層から観察しにくい層へという配列でもある。中間に位置するＤが両側面に関わる層である。さらにこの順序は勤務校での具体的文脈で発揮される個別対応の力量の層から、どのような具体的文脈であろうと適用されるような普遍的な力量の層へという並びでもある。

逆に言うと、勤務校のさまざまな現実に向き合うことで個別対応の力量が成長し、その成果が徐々に普遍的力量として個人の資質・能力のなかに蓄積していき、それがまた勤務校の異なる具体的場面での個別対応の力量を高めるという層構成である。以下、各層の特徴について述べよう。

表2-1　資質・能力の層構成

資質と能力	内　容	外からの観察・評価	個別的・普遍的状況対応
能力 ↑	A 勤務校での問題解決と，課題達成の技能	易 ↑	個別的 ↑
	B 教科指導・生徒指導の知識・技術		
	C 学級・学校マネジメントの知識・技術		
	D 子ども・保護者・同僚との対人関係力		
	E 授業観・子ども観・教育観の練磨		
↓ 資質	F 教職自己成長に向けた探究心	↓ 難	↓ 普遍的

資質・能力として一般に想起される「教える知識・技術」はB〔指導の知識・技術〕に位置づき、教師自身が重要な力量として挙げる「実践的指導力」はA〔問題解決技能〕に属す。AはBを基礎として産み出されるが、もちろん深い層のC〜Fに支えられてはじめてBそしてAが実現すると考えられる。つまり、BとC〔マネジメントの知識・技術〕に関する「技術」（テクニック）は、勤務校での個別問題状況を解決する際には、D〔対人関係力〕とE〔教育観〕も動員されてAに結晶し、幅広い「技能」（スキル）として発揮される。そしてA〜Fの全体が「資質・能力」（コンピテンス）を成すという層構成である。

学校教育関係者の間でもしばしば使われるカタカナ用語は混乱しやすいが、基礎的な「アビリティ」

(知力)と「テクニック」(技術)が具体状況のなかで「スキル」(技能)として発揮され、さらに総合的な「コンピテンス」(資質・能力)へと発展すると考えると分かりやすいだろう。

これまで重要な資質として主張されてきた「子どもに対する愛情」はD(対人関係力)に含まれる。そして、これもよく挙げられる「教育への情熱」はA～Fすべてに関わるが、とりわけF(探究心)と一体になる性質であると考えられる。

教員養成や現職研修ではBとCに力点があるが、それは外から観察・評価しやすい力量であり、観察・評価しにくいD～Fについては脇に置かれがちである。その結果、能力的には一定の水準に達したとしても、資質的側面の大きいD～Fが不充分だと、身につけた力量も勤務する学校組織のなかで生かされずに、その結果としてA(問題解決技能)が発揮できなかったり、教職経験年数経過と共にBとCも衰退しやすくなったりするだろう。

短期集中型の免許更新講習の主目的は、BとCの刷新であって、AおよびD～Fについては各教師と各学校に委ねられるから、同講習が資質・能力の全体を向上させる直接的効果を果たすわけではない。

次に、六層がいかなる相互関係にあると考えられるかについて説明したい。

六層の相互関係

六層の根底にあるF〈探究心〉は、A～Eに常に新たな息吹を与えるエネルギーの源泉である。しかも、このFは専門職に本来備わっているはずであり、このFがあるからこそ専門職としての自律性が保証されると言える。そして、この源泉が枯渇すればA～Eすべてが低下する。したがって、教師が育つ過程でFを資質として根付かせるために、いかなる具体的な教育と研修プログラムを提供できるのかが重要な課題となる。指導力不足教員が二〇代には少なく、四〇代から五〇代にかけて集中している理由の一つは、Fの枯渇によって、変化する学校環境に適応できなくなった結果ではないかと想像できる。

B～Fが総合されてA〈問題解決技能〉が実現してこそ、資質・能力は実際に意義あるものとなる。教師が個人内にBとCの力をただ保持しているだけでは、勤務校で現実的な力量として発揮されるわけではない。実際に発揮されてはじめて、子どもと保護者が教師と学校に信頼を寄せるはずである。

にもかかわらず、これまで一般に資質・能力はBとCであると捉えられてきたのは、その二つが教職の専門性の核と考えられてきたからである。研究を目的とする大学が教員養成を担当してきたから、それは当然の成り行きではあった。

ただ、英米では一九八〇年代以降になって、個々の現場で学校改善を目指すAを可能にするBとCという専門性が問われるようになった。しかし、日本ではいまだに伝統的なBとCに限った専門性の論議が主流である。そして、その論議の延長線上で上級免許の新設が構想されているが、その上級免許がAを実現するBとCを表わしているのか否か、またD～Fの向上を含んだものなのか否かは定かではない。そして、教員養成を担当する大学の研究がどれだけ学校現場と協働するかどうかも、AやD～Fをどこまで考慮できるかどうかの分かれ道になるだろう。

一方、先ほども触れた「対人関係専門職」という捉え方がある。その専門性では、目の前にいかなる子どもや保護者が現れても、かれらとの関係に関して知識・技術を柔軟に応用し、あるいは新たに開発していけるようなダイナミックな能力を発揮できるかどうかが問われる。その観点から言えば、D〔対人関係力〕が要《かなめ》の基準である。教師という地位だけで周囲から尊敬されるような時代は過ぎ去り、クレームを受けることが当たり前になった現代の教師にとって、Dの重要性がいっそう高まっている。「協業」としての教職に求められる資質・能力では当然ながらDがクローズアップされる。そして、協業としての教職だからこそ、Aを実現する際にはDが不可欠となる。家庭や地域そして情報環境が激しく変化するなかで、次々と新たに困難な諸問題を抱え込む学校組織にとっては、教師の資質・能力は個人の力量である以上に、学校全体の指導力という観点が重要である。そこで、各層を有機的に関連付けながら六層全体で捉える視点が、その学校の教員集団全体にとってさらに要請されることになる。

4 指導力不足教員

指導力不足とは

これまで教師の質の諸相について検討してきたが、もともと教師の質が大きく問われるきっかけになったのは、臨教審のなかで不適格あるいは指導力不足教員がクローズアップされたことである。

第1章で述べたように、この問題は教師バッシングの世論とも交錯し続け、その後二〇年余りにわたって、教育改革国民会議(二〇〇〇年)や中教審(二〇〇一年)、教育再生会議(二〇〇七年)などの場で常に論議され続けた。そして初任者研修と一〇年経験者研修が法定の必修研修となるとともに、免許更新制の導入にまで至った。

それだけに、教師の質を考える際に指導力不足教員の問題に触れないわけにはいかない。すでに述べたように、免職・懲戒対象の「不適格教員」と、指導改善研修によって質の向上が可能と判断される「指導力不足(指導が不適切な)教員」とは基本的に性格を異にする。ここで再確認したいのも指導力不足教員についてである。

具体的問題としては、分からない授業を一方的に繰り返す、子どもをいつも体罰で注意する、保護者とのトラブルが絶えない、期日までに定期試験問題を提出しない、などが槍玉に挙げられてきた。つまり、専門的な知識・技術を欠き、子どもの心を理解する能力や意欲が弱く、指導方法が不適切で、保護者との信頼関係を築くことができず、職場での協調性が足りずにクラスも任せられないと判断されるような教員である。もちろん、そうした教員の人数がたとえごく僅かだとしても、その存在は子どもや保護者の学校に対する信頼感を失わせ、教師バッシングの温床となるから無視することはできない。

とはいえ、そうした現実は教師の「負」の側面だけに、学校教育関係者は対外的には口にしないし、教員養成を担当する大学研究者も触れたくない問題としてまったくと言ってよいほど言及しない。しかし海外でもそうした「負」の問題は存在し、英国では「効力のない教員」(ineffective teachers) あるいは「失敗教員」(failing teachers) と呼ばれ、米国では「資質・能力の無い教員」(incompetent teachers) などと呼ばれる。

残念ながら、教員界の現実として世界的に共通する問題なら、無視したりごまかすのではなくて、正面から取り上げて解決に向けて取り組みたい。そのことが学校への信頼を回復するとともに、教師の質を厳しく問い直す契機ともなる。

臨教審で問題教員に対する厳しい批判が出たことを受けて、全国各地域の「教育センター」では二〇〇〇年代に入ってから自主的に指導力不足教員の指導改善研修を開始していった。教育センター(以下「センター」)とは地域により異なる名称「総合教育センター」「教育センター」「教職員研修センター」「教育研究所」などを総称するもので、地域に根ざした学校教育の実践的研究開発と教師の資質・能力向上のための拠点として、すでに六〇年以上の歴史がある。各地のセンターでの数年にわたる実績を踏まえながら、指導改善研修は二〇〇八年に教特法に追加され、初任者研修・一〇年経験者研修に次ぐ三つめの法定研修となった。

法制化される前後の時期に、私はちょうど折よく北海道から沖縄まで都道府県・政令指定都市の約半数に当たる三一センターを訪問して指導改善研修の実態を調査する機会があった。指導改善研修プログラムの詳細と、研修を通じての指導力不足教員の育ちについては次章で述べることにして、ここでは指導力不足教員の認定プロセスと、どのような点で教師としての質が劣るのかについて、各センターでの調査結果から基本的に共通する内容を抽出して紹介したい。教員政策側から槍玉に上げられる割には、指導力不足教員に関する諸現実についてはあまり知らされていないので、紹介する必要があると考えるからである。

指導改善研修は「指導力向上研修」「資質向上研修」「授業力ステップアップ研修」などとセンターごとに名称はさまざまであるが、一般の教員研修とは異なる特別の研修プログラムである。毎年一人から数人という僅かな研修生（大都市部では一〇名を超えることもあるが、一般には二〜三名の場合が多い）を受け入れて、担当の指導主事と退職校長などの助言者が配置されて、研修が丁寧におこなわれる。

一般的に指導力不足教員の認定は、校長から市町村教育委員会を経て県教育委員会へ、そして認定諮問委員会へと書類が上げられてくる。最初に書類を作る校長は普段から該当教員を詳細に観察しつつ、学校内での解決を試みたうえで、それでも無理と判断して書類作成の決断に至るから、手間暇と神経を使うだけに慎重な対応にならざるをえない。厄介だからと決断を躊躇する場合もあるだろうから、実際の認定者以外に潜在的予備軍がいると見た方がよいだろう。

そして、認定諮問委員会は医師・弁護士・臨床心理士・教育学者・保護者代表などの専門家から構成され、公正な意見聴取をおこなうというステップを踏む。校長が勝手に評価して認定するような仕組みではない。

そのうえ、あくまで資質・能力に何らかの問題がある教員が対象で、原則として職場復帰させることが目的である。したがって、治療対象の疾病《しっぺい》のケースは認定から除外される。ただ、この疾病を明確に除外することは難しい。実際には指導改善研修の過程で精神疾患ではないか、と疑われる場合が出てくるからである。そんなときは医師と連絡し合って、すぐに診断の継続と治療を再検討できるような柔軟な運用が求められる。

指導力不足教員の特徴

全国三一センターの訪問調査から、認定教員に共通する三つの特徴が期せずして浮き彫りになった。それは、指導力不足が何に由来するのかを物語っている。

（1）当初は、どの認定教員もなぜセンターで指導改善研修を受けるのかの自覚が乏しく、教職者として抱えている自分の課題を明確に捉えていない。研修は、まず教師としての自分を見つめ直すレポート作成からスタートするが、課題が分かるまでに二〜三か月もかかることがある。ただ、いったん課題を理解すると、あとの研修はどんどん進んでいくことが多い。あるセンターの担当指導主事は、次のようなケースを語った。

自ら指導改善研修を受けたいと自発的に受講した珍しいケースがありました。「一年間の研修を受けてみて成果が得られなければ、教職を辞める」とまで本人は言っていたのですが、その教師は一年で立ち直り、学校に復帰していきました。自分が抱えた問題を自分で認識できていれば解決は早いです。しかし、ほとんどの場合は自分で自分が分かっていないので、課題を摑むまでに時間がかかります。

(2)次に、自己評価がわりに高いこと。常識的には指導力不足教員は自己評価が低く、自信が無いから授業ができないのではと想像しがちだが、現実はその逆である。センターで模擬授業をしても高い自己評価をつけ、子ども役を演じるセンター長や担当指導主事、助言役の退職校長などが下した低い評価との間に大きなギャップが生じたりする。そのことは、自分を客観的に眺めることのできる多様な視点が身についていないことを物語っている。自己中心の主観的基準しかないから、十分な準備をした模擬授業はうまくいったと自己評価が高くなるのである。

前項の「自分が抱えた問題を認識できていない」という特徴も、自分を客観的に眺めることができていないことと重なる。おそらく、日頃からさまざまな他者と交流することを通じて、自分とは異なる見方や価値観、評価を知って、多様な基準を取り入れる経験が乏しく、社会的自我が未熟であるのだろう。その未熟性は生育史に潜んでいることも考えられるし、教職に就いてから小規模校勤務が長く、授業力を磨いたり、つまずいたときに助言をもらったりする機会が乏しかったことも考えられる。別のセンターの担当指導主事の語りである。

意外なのは自己評価が高いことです。自己絶対化と言った方がよいのかもしれません。しかし、勤務校で実際におこなった授業は混乱したわけですから、達成感も得られませんし、意欲も衰えるだけで、その混乱を踏まえて自分の授業を見つめ直すこともできません。こうして事態は悪循環に陥り、センターの特別研修を受けざるをえなくなるのです。この悪循環を断ち切るのは容易ではありません。

（３）そして、授業力の無さ以前の根本的な問題は、対人関係能力の欠如が潜んでいることである。こちらからの話の意味を摑めないなどのソーシャルスキルの弱さは、どのセンターでも指摘されることで、たとえば次のような担当指導主事の語りに代表される。

授業に関する知識・技術ならば、研修によってそれなりに向上させることができます。しかし、問題はもっと深いところにあるようで、それは対人関係が円滑に運ばないことです。私たちが話しかけても分かってもらえず、コミュニケーションが成り立たないのです。堅い自分の殻に閉じ籠っているかのようで、話を聴き取る力を身につけることから始めないといけないありさまで、この点を私たちは深刻に受け止めています。そうした弱点がなぜ生じたのかを理解するには、当人の生育史まで遡る必要があるのではないかとさえ思うくらいです。

研修中も対話すら成立しにくいことがあるというのがセンターのスタッフに共通する悩みである。そうすると、よく分からない授業も不適切な指導法も保護者とのトラブルもすべて、この対人関係能力不足から来ているのではと思い至る。資質能力の六層で言えばD〔対人関係力〕の欠如であり、「対人関係専門職」に即して言えば、その専門性がきわめて低いというのが指導力不足教員に共通する特徴である。

以上、三点を指摘したが、それらは同じものだと理解することができよう。つまり、主観的で自己中心的な基準を絶対的なものとし、他者の異質で多様なまなざしを取り入れることによって、自己を客観的に見つめることができるような自己対象化に失敗した状態が指導力不足の深い意味ではないか、ということである。

したがって、表面に現われる個々の問題行動ではなくて、この根本的な特徴に着目しないと指導力不足の問題は解明できないだろう。教員の「負」の側面であるだけに、センターの研修担当者以外の学校教育関係者の多くが目を向けようとせず、検討をないがしろにしてきた結果、教師バッシングの格好の材料とされてきたのではないか。

指導力不足が深い原因に由来するとすれば、大勢の受験生を短時間で選考する教員採用試験でチェックすることは難しい。また教員養成での教育実習中に気づくはずだが、短期間で研究授業回数も限られているから、授業技術の問題として処理されてしまいやすい。初任者研修中ならば、実際の授業などを通じて指導力不足に関わる傾向の有無を細かく観察できるはずであるが、指導担当者が「新採で未熟だから、経験を積むうちに成長するだろう」と大目に見たりすると問題を見逃してしまうことにもなる。

そこで、教師を育てる大学教育のなかでソーシャルスキルの視点を常にもつようにして、具体的な訓練を課していくことが是非とも必要である。教職を「個業」とイメージするかぎり、堅い自己の殻に囚われやすい教師が登場する危険性がある。それだけに「協業」というイメージがいっそう重要な意味を帯びてくるのである。

第3章　教師をどう育てるか

1　生涯学習としての教師教育

教員養成から教師教育へ

元教師たちが長い教職経験を踏まえてさまざまに語る内容で、全員に共通していたのは、教師の資質・能力は大学の教員養成教育を通じて得られる部分は小さく、教職に就いてから実際に子どもたちに教える経験のなかで形成される部分が大きいということである。

教職課程の期間を含む大学または短大の教育は四年ないし二年であり、教育実習にしても二~四週間と短いのに対して、実際に就く教職期間は一般に三〇年以上に及ぶから、時間数からしても現職経験を通じて得るものが、大学または短大での教育とは比較にならないのは当然である。ある中学校教師〔退・男〕は次のように語っている。

たしかに大学で得たこともたくさんあります。ただ、体育を専攻する私が本当に鍛えられたのは、常に子どもと共にいる学校現場でした。教育実習の場合も現場に身を置くわけですが、実習校の指導教官のもとで仮の授業をする程度ですから、直接責任が問われるわけでもありませんし、短期間を一気に走り抜ければすぐに終わってしまいますから、本当に鍛えられるというのとは違います。

忘れられないのは二番目の勤務校です。生徒数二〇〇〇名の大規模校でした。各生徒が生活の事実を見つめる学級づくりという泥臭い取り組みに特徴がありました。当時は生徒指導で少しでも手を抜けば、いつ「荒れる学校」になるかもしれないという状況下にあったからでしょう。

体育科の教師は女性一人を含む八人もいて、それぞれ主義主張があり、互いの議論は喧嘩に近い雰囲気でしたが、飲み仲間でもあり、まとまっていました。教科の研究も一緒にやりました。それにしても、特色のある学校に勤務することによって教師の力がつくと思うのですが、今はそんな学校が少なくなってきて、学校が平準化されているような気がしてなりません。

この語りを踏まえながら教師の資質・能力の形成を考えると、尊敬する指導者がいるということは誰もが念頭に浮かべるが、それ以外にも学校現場の諸要素がいっそう重要であることに改めて気づく。

第一に常に子どもと共にいること。第二に特色ある取り組みを実践している学校で勤務すること。第三に「喧嘩に近い雰囲気」にまで議論を闘わせることができ、それでいて仲良くまとまっている同僚がいること、である。

さて、教師を育てる仕事は、従来「教員養成」という一言で呼ばれてきた。しかし、一九七〇年代以降になって、世界的にその用語に変化が生まれた。六〇年代に学校教育が量的に拡大するなかで教師や学校の質的向上が要請されたために、なによりも教師の質を高めることの重要性が各国で認識されるようになり、「教師教育」(teacher education)という新しい総合的な捉え方がＯＥＣＤ諸国を中心に普及していく。単なる「教員養成」と総合的な「教師教育」とでは、以下の三点で考え方に違いがある。

まず、教員養成では若い時期に集中しておこなう教師になるための職業準備を指したのに対して、教師教育では教職に就く前から教職を終えるまでの全過程を見据えて、「教員養成」プラス「初任者研修」プラス「現職研修」という三段階を包括する捉え方である。

次に、かつての教員養成では大学で教員になるための技術的「訓練」が強調されたが、新しい捉え方の教師教育では大学での教育と教職経験に基づく「生涯学習」を通じた知識・技術に関する「専門性の向上」が強調されるとともに、三段階のそれぞれで資質・能力の向上が課題となる。

三つめとして、教員養成では教職の一定の型を伝達する傾向が強かったのに対して、教師教育では変化が激しい社会で要請される資質・能力について「教員養成」段階で研究開発された知見を「初任者研修」「現職研修」に生かし、逆に「初任者研修」「現職研修」で得られた課題を「教員養成」に取り入れるというように、実践的にも研究的にも教師教育という長期的な視点から三段階を位置づけて、相互に関連づける傾向が強くなる。

「教員養成」への偏り

日本でも教師教育という用語が使われるようになったとはいえ、三段階全体を総合的に把握するという広すぎる意味内容のために、ともすれば三つを切り離して各段階を別個に扱い、とりわけ最初の「教員養成」を強調して、他の二段階は付随的に扱うことが多い。それはどうしてだろうか。

これまでも触れたように、国の教員政策は教免法を核に教員資格に関する法制度が中心なので、基礎資格が与えられたら資質・能力は一定の水準に達していると判断されがちになる。もちろん、「初任者研修」と「現職研修」も課題として挙げられるが、それらは教員の任命権者である各教育委員会に委ねられ、教職生活を通じて体得する資質・能力はあくまで個人的経験として脇に置かれがちである。

その結果、免許制度改革は大きなニュースになっても、「初任者研修」や「現職研修」については広報されることもなくニュースにもならないから、この二段階について世論が関心を向けることは少ない。

また、最初の「教員養成」を充実すれば、その後の教職はうまくいくという暗黙の思い込みがはたらきやすい。それは古典的な「子ども発達モデル」(青年期までに人格は完成し、その後の変化はほとんど無いという見方)に依拠しており、最新の「生涯発達モデル」(生涯の各段階で大きな変化があり、成長は生涯にわたって長期に継続するという見方)に転換できていないためである。

しかも、教師教育を研究し実践する研究者は大学に所属しているから、大学の「教員養成」を中心に議論を組み立てがちである。そのうえ、教員養成を任務とする大学はこれまで「初任者研修」や「現職研修」とあまり関わりをもたずにきたために、「教師教育」全過程に対する実践的研究を十分に展開しないままであった。

以上のように、「教師を育てる制度」として「教員養成」に焦点が当てられ、資質・能力の六層（表**2-1**）のうち外から観察・評価しやすいB（指導の知識・技術）とC（マネジメントの知識・技術）ばかりが強調されると、A（問題解決技能）およびD（対人関係力）～F（探究心）に関する関心は弱くなる。

他方、「教師が育つ道筋」に注目するなら、AとDの形成が重要な力量として浮かび上がる。そしてE（教育観）が培われていく過程も興味深い。さらにFは教員養成段階のなかである程度は準備できても、その後の現職段階でも永続的に努力していかなければ枯渇する危険性があるものとして見落とせない。

そこで、教師を育てる重要な課題としては、第一にBとCはいうまでもなく、Aおよび

D〜Fに目を向けること。第二に「教員養成」以上に「初任者研修」と「現職研修」段階を重視し、大学との連携を強化しながら推進すること。第三に教師教育に関する政策が免許資格という「教師を育てる制度」の枠組みに止まってしまわないように、第二の課題で得られる「教師が育つ道筋」の知見を生かしながら、その制度的枠組みのなかに実際的な内容を織り込んでいくこと、である。

では資質・能力六層の観点から「教員養成」と「現職研修」の二段階での育ちに焦点を当てて、見落とされがちな核心部分を具体的に指摘していこう。

2　教員養成を通じた育ち

大学教育と探究心

資質・能力の原点は「常に研究していく態度、つまり探究心」という教師の語りがあった。それは大学教育の原点でもあるはずだが、教員養成ではこの原点をどのように教育することができるだろうか。ある中学校教師〔退・男〕が、そのヒントになるような経験を語った。

私の専門は音楽です。教育大学の学生は、ある教科が好きだからということで専攻を選んでいるはずです。私もそうです。それだけに、その教科の知識や技術というよりも、むしろその教科を学ぶ楽しさや面白さをこそ大学で伝えてほしいというのが学生すべての願いではないでしょうか。ですから、教授がその教科をなぜ好きかということをめぐって自分を語ってくれたら、学生としては学ぶ意欲や専攻に対する自信も出てくるはずです。

ところが実際の大学には、残念ながら自分を語ってくれない先生がかなりいます。でもなかには自分を語ってくれる先生がいて、私もそうした先生に出会ったのですが、音楽を専攻して本当に良かったと思いました。その先生の授業を受けるときは本当にわくわくしたものです。

教える側が「教科と自分を語る」姿勢をもつ意義としては三つ考えられる。

第一に自分を語ることを通じて、おそらく暗黙のうちに一定の教科の教育について「探究心」という奥深いレベルが示されるだろうこと。それは単に「研究法」とか「探究の技法」を形式的に講義するのとは違った、より説得性をもった態度の根幹が興味深く伝えられていくはずである。

第二に授業のなかで学生とのコミュニケーションが成立するだろうこと。それは教えることと学ぶことが感覚的にも合致することを意味する。

第三にそうした両者の相互関係がモデルとなって、その学生が教壇に立ったときに、子どもを前にした教科の指導にも生かされるだろうこと。

教員養成段階での専門性の教育について、これまで真っ先に挙げられてきたのは知識・技術の伝達であった。しかし、既成の知識・技術を一方的に習得するだけでは、教職に就いて勤務校の実情に即して既成の知識・技術を応用したり、時代や社会の変化に応じて知識・技術を組み換えたり、新たに研究開発したりすることはできないだろう。

「教員養成は大学でおこなう」という趣旨には、習得する知識・技術の専門性が高いという意味の他に、既成の知識・技術がどのように成り立っているかを知り、その応用や新開発をいかにおこなうかの方法も習得していることを含んでいる。つまり、常に探究するという基本姿勢を身につけることが大学で学ぶことの中核である。

探究心を磨くには、教授が心から語る以外にもさまざまな方法を考えることができる。たとえば、日常的に学校を訪問して授業参観を踏まえた観察記録を書き、大学にもどって観察記録に基づきながら授業を多方面から分析する共同討議を積み重ねる。あるいは学校のクラスに学生ボランティアとして参加して担任の仕事を手伝いながら子どもたちの多様な現実を詳細に知り、担任との意見交換や大学でのゼミやボランティア交流会などを通じてその体験を分析する、など。

要するに探究心は学校や子どもの現実に目を向けてこそ養われる。もちろん、教育実習がその機会ではあるけれども、短期間では学習指導案の作成に慣れるくらいで終わってしまいやすい。そこで、大学の年間を通した授業として探究心を育む実践的な学習の機会が与えられる必要がある。そうして培われた基本態度が教職に就いてからも資質・能力のF〔探究心〕を持続的に形成していく基礎となるだろう。

協業の構えと技能

現在の学校がさまざまに困難な課題を抱えている以上、学校は組織として対応できないと課題達成はおぼつかない。そのためにも資質・能力D〔対人関係力〕が不可欠である。そこで、教師を目指す学生が事前に教職イメージを「個業」から「協業」へと転換するように大学教育は準備しておく必要がある。具体的には以下のような課題が挙げられよう。

まず、「協業」とは何かを知ること。学校組織とその活動の実際について具体的に知れば「協業」のイメージを膨らませることができる。たとえばごく身近な「学年団」や「校務分掌」、「校内研修」などである。

「学年団」とは同学年に担任をもつ教員集団のこと。つまり、教師の仕事が担任クラス内で完結するのではなく、同じ学年担当の他の教師と互いの個性を尊重しながら常に連携することで、学校組織としての教育実践を円滑に推進できることを意味する。

そして学校運営上必要な業務の分担としての「校務分掌」は学校によって多様であるが、一般に総務・教務・生徒指導・特別活動・進路指導・図書・保健・研修などが共通する分掌である。これらの役割分担が学校組織の「協業」の実際的な組み方である。

さらに校内研修は「協業」としての現職教育であり、各学校の特色ある教育の質を高め、各教師の資質・能力を向上させる。大学生が教育実習や日常的な学校訪問の際に授業公開をベースにした校内研修に参加できれば、「協業」の一端を垣間見ることができよう。この校内研修については次節で詳しく取り上げたい。

次に、実際に大学でチームワークをおこなうこと。課外の各種サークル活動もチームワークを磨く機会となるが、正課の身近な方法としてロールプレイやディベート、集団討議のコーディネート、プロジェクトメソッドなどが「協業」への態度と能力の形成を支える参加的学習となるだろう。ここでは後二者について説明したい。

①集団討議のコーディネート

一般に大学の演習では学生がレポートしたあと、質疑応答と討議をおこなう方法がごく日常的である。ただ、時間的な制約もあって質疑応答に止まって討議まで至らないまま、司会を兼ねる教授が補足説明して終わることも多い。

そこで、討議に力点を置き、学生が交代でコーディネータ役を演じる機会を作れば、それはチームワークの練習となる。コーディネートとは単なる進行役ではなくて、参加者のさまざまな質問や意見や感想を聴きながら討議の論点を整理し、全員に討議への参加を図って、議論から予期せぬ知見が得られる地点にまで到達できるようにする技術である。

この技術の習得では、個人学習ではない集団学習という形態を知り、後者はしばしば前者を超えるような成果を獲得できることを体験しつつ、集団討議を通じて「協業」の精神を摑むのが目的である。

②プロジェクトメソッド

あるテーマについて集団参加によるプロジェクトとして追究し、一人ではできないことが大勢では実現できることを体験し、他者との協働関係を学ぶ。その過程で重要なのはリーダーシップとフォロワーシップの役割である。

リーダーシップはメンバーの意見に耳を傾けながら自身のアイディアでプロジェクトを具体化し、遂行の指示を出して達成を牽引する役目である。フォロワーシップは意見を出しながらも、最終的にはリーダーの指示に従って着実に自分の任務を果たす役目である。

一般に組織マネジメントではリーダーシップばかりが強調されるが、それは適切なフォロワーシップがあってこそ成立する統率性である。フォロワーシップを無視したリーダーシップはともすると独善に陥りやすく、組織運営は混乱し空転してしまうだろう。最近の学校改革では校長のリーダーシップばかりが強調されるけれども、教頭・教務主任・校務主任・学年主任との協働が重要である。校長が同僚教員のフォロワーシップを見落とすと学校組織のなかで浮き上がってしまい、管理主義に走りやすくなるだろう。したがって、教師を目指す学生にはこれら二つの役割の習得が共に不可欠である。

プロジェクトのテーマとしては、従来の教員養成教育では取り扱われなくて、学校現場が新たに向き合っている身近な問題を取り上げると学生の興味関心を呼ぶだろう。そしていくつかのグループに分かれて、各種資料集めやインタビュー、学校授業見学などを踏まえて学生自身でレポートをまとめ、各グループがプレゼンテーションをおこなう。

たとえば、二〇一一年三月の東日本大震災と原発事故の後、全国で緊急に要請された放射線教育や防災教育について。あるいは、地域社会で暮らす外国人の子どもの実態と多文化共生教育について。さらには当たり前のメディアツールとして多くの子どもたちの私物となっているケータイのリスクについて、など。学生が興味関心をもって取り組める身近な課題は他にもいろいろあるはずである。

3　現職を通じた育ち

現職研修の意味と意義

次に、教職の全期間を通じて学ぶ機会として、法的に規定された公的な「研修」と、その他に教職員組合を含む教職員団体や民間の教育研究団体が独自に推進する非公的な種々の「自主研修」がある。公的な「研修」は教特法で以下のように詳しく規定されている。

「第二一条　教育公務員は、その職責を遂行するために、絶えず研究と修養に努めなければならない。二　教育公務員の任命権者は、教育公務員の研修について、それに要する施設、研修を奨励するための方途その他研修に関する計画を樹立し、その実施に努めなければならない。」

この条文を読んで考えることがいくつかある。まず「研修」とは「研究と修養」という幅広い内容を意味しているから、研修は資質・能力の六層全体に関わっている。それならば公的研修は全層にわたって効果をあげているかどうかを検証する必要がある。一九八〇年代にクローズアップされた種々の学校教育問題を解決しうるような資質・能力A（問題解決技能）～E（教育観）を養っているかどうか。あるいは研修機会への参加がF（探究心）を鼓舞するような成果をもたらしているかどうか。

そして、研修は勤務扱いで、教員にとって「義務」のように表現されているが、任命権者にも研修の機会提供と条件整備が課せられているところから、教員にとって「権利」という側面をもっている。いずれの側面に依拠するかによって相対立する議論がこれまで続けられてきた。研修の自律性や自由を重視する日本教職員組合（日教組）は教員が保持する「研修権」の立場から、公的な教育行政の任務は研修を命じることではなくて、その条件整備であると主張してきた。公的「研修」の重要性はいつも各方面で口にされながら、自治体の財政難のなかではその条件整備が真っ先に合理化対象となっているという歯がゆい現実がある。

ところで、この条文に似た規定がＩＬＯ・ユネスコによる「教員の地位に関する勧告」（一九六六年）に見られる（『教育小六法』所収）。

「〈Ⅲ　指導原則六〉教育の仕事は専門職とみなされるものとする。教育の仕事は、きびしい不断の研究を通じて獲得され、かつ、維持される専門的知識および特別の技能……であり、また、教員が受け持つ児童・生徒の教育および福祉に対する個人および共同の責任感を要求するものである。」

「〔Ⅵ　教員の継続教育三四〕教員は、継続教育の課程および便益に参加する機会が与えられ、かつ、その参加を奨励されるものとし、また、これを十分に利用するものとする。」

この国際的な「勧告」は世界的に教員数が大幅に増加した一九六〇年代に提起された。教育の進歩に果たす教員の役割にふさわしい地位を保障するために、教職は専門職と見なされ、そのためには教員に「きびしい不断の研究」「継続教育」が不可欠であると主張されている。その主張は、これまで「探究心」を基礎とした「生涯学習」と述べてきたことと重なる。

一般に「専門職」の要件としては「知的な技能による社会的サービス」「職業人としての自律性」「倫理綱領をもつ」などが挙げられるが、なかでも重要なのは「長期にわたる専門的訓練」であり、学歴の長さとともに現職研修が専門職として必須なのである。逆に言えば、公的・非公的な現職研修が低調なまま、大学の教員養成のレベルアップだけ図っても、専門職としての教職の向上を本当に実現することにはならない。

現職研修のさまざまなかたち

さて、日本の教師の多様な現職研修を整理したのが図**3-1**である。〈Ⅰ〉現職研修の四形態は世界的に見てきわめて充実した内容で、①法定研修(a初任者研修・b一〇年経験者研修・c指導改善研修)、②教育センター等での①以外の研修、③校内研修、④自主研修(教職員団体・民間教育研究団体による研修、その他個人的研修)である。

また、第1章でも触れた〈Ⅱ〉教員免許更新講習は個人で受講料を払う「講習」で、勤務の一環としての「研修」ではないが、その目的(知識・技術の刷新)や内容(教育の最新事情、教科指導・生徒指導その他の教育内容)は研修と重なる。

この図で重要なことは、各研修や講習を個別に見ていくのでなく、いずれも資質・能力の向上という目的を具体化する方法として捉え、果たして各方法が目的の達成にどれだけ成功しているかどうかを検証することである。これら研修形態に関する主な論点は二つある。

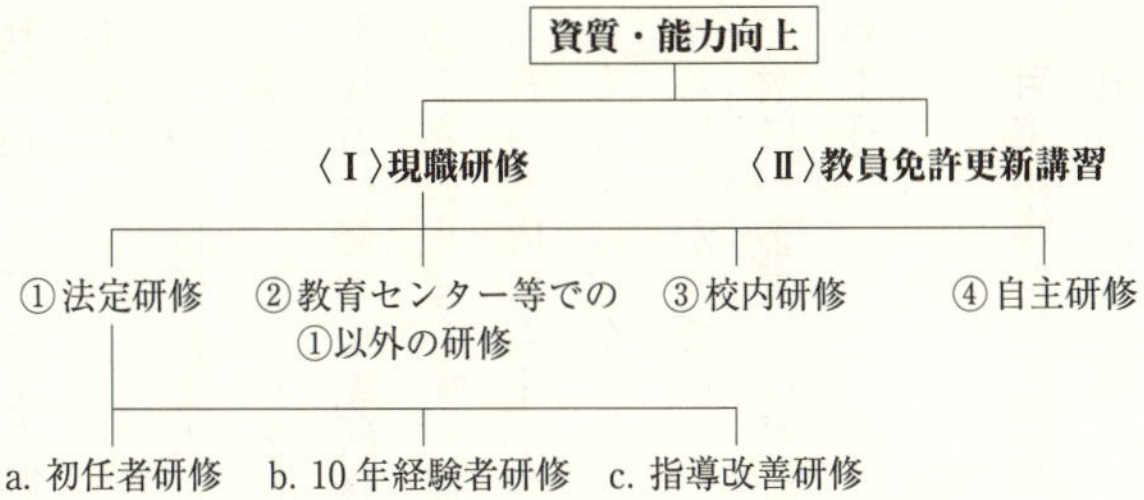

図 **3-1**　資質・能力向上と現職研修

一つは研修の実施主体は誰かという点である。国や教育委員会による公的研修については、これまで現場の教師から「官製研修」としばしば揶揄されてきた。その理由は、必ずしも教師のニーズに基づかず、学校現場の事情を十分に踏まえずに、新たな教育方針や教育課程、教育方法などを天下り的に伝達するものと受け止められたからである。いきおい公的研修に対する教師の評価は低くなり、受講態度も受動的になる。

しかし後で述べるように、現在の全国各地の教育センターがおこなう公的研修の多彩なプログラムを見ると、教師のニーズに基づく自由選択の講座が多数含まれているし、予算と指導者が措置された公的研修は資質・能力向上のためには臨機応変に活用すべきもので、それこそ「権利」としての研修という趣旨に沿って利用することができる。むしろ問題は職務に追われて多忙な勤務実態のなかで、公的研修の機会を柔軟に活かすことが難しい点にある。

二つめは研修と大学の関係は何かという点だ。もっぱら教員養成を担い、研修について組織だった関わりをしてこなかった大学が教師教育の全過程を視野に入れるなら、今後は初任者研修や現職研修に積極的に関わる必要がある。その関わりは研修講座を単に実施することに止まらず、研修を通じて学校や教師の現実を把握することができ、それを研究にも教員養成にも生かすことである。それに、大学院で自主的に学ぶ現職教師も徐々に増えてくるから、かれらと共同研究をおこなう機会を創り出せば、大学や教職課程の発展に繋がるにちがいない。

次に、まず④自主研修を、続いて③校内研修を取り上げて、それらの具体例について眺めよう。

自主研修と校内研修

最初に自主研修について。勤務時間外に教師個人が自らの意思でおこなう自主研修にはさまざまな形があるが、なかでも各地で伝統的に根付いてきた教師仲間で自主的に運営する非公的な研究会が代表的である。勤務校を超えて教師が「協業」的に取り組む勉強会であり、日本の教師の研究熱心さを示すものとして世界的に見ても実にユニークである。その経験事例について、大学で社会科教育を専攻した小学校教師〔退・女〕の語りから抜き出そう。

新任で赴任した小学校は三〇代半ば以上の先生ばかりでした。久しぶりの新人で、同世代の仲間は一人もおらず、何をどのように質問してよいかも分からず、先輩教師も積極的には教えてくれませんでしたから、すべて我流でやらざるをえなかったのです。

これではいけないと思い、三年目になって地域の小学校教師が自主的に集う社会科研究会に参加しました。二〇名ほどのメンバーです。こうした教科研究会は地域内にいろいろあって、大学時代に専攻しなかった苦手な教科を学ぼうと参加する小学校教師もいました。いわば私的な現職研修ですね。

春に初めて出席したのですが、さっそくリーダー格の先輩教師から「六月に授業研究計画書を出してください」と言われました。私は「学校の仕事が詰まっていて、その頃までに提出は無理です」と答えたところ、「出せないのなら、研究会を出ていってください」と強い調子の返事が返ってきました。

私はそのきつい口調に驚きましたが、正直言って「この人は本物の教師だ」と咄嗟に思いました。教師が備えるべき厳しさを感じ、それまでの自分の生ぬるさを思い知らされたからです。追われるように計画書を書き上げ、メンバーに徹底的に検討してもらったのです。

そんな研究会活動を通じて学んだのは、子どもに対する姿勢でした。授業の指導案づくりでも、人に分かるように緻密に書くよう心がけるようになったことはもちろんですが、特に子どもに対する姿勢が貫かれているかどうかということをいつも意識するようになりました。教師としての自分が出来上がるうえで、この社会科研究会の存在が大きいと思います。

日本の教師の質の高さは、こうした自主研究会が各地に張り巡らされていて、教師集団がそれぞれに研鑽を積み上げてきたことが大きな底力となってきた。海外の場合は、一般に大学院に通って講義を受けて上級学位を取得する形態であり、「個業」のスタイルを取ることがほとんどであるから、研修内容も各学校に即したものにはならない。だから第2章の「協業」でも触れたように、ＯＥＣＤ諸国で一九八〇年代に「勤務学校を基盤とする」教師教育の改革が提起されたのである。

それに対して日本では、上級の学位や教職資格を取得するのでも昇給するのでもなく、公的研修でもない自主研究会が、各学校に即した実践の相互検討の場となってきた。勤務校で助言役の先輩・同輩教師が手薄な場合、また勤務学校での校内研修がそれほど活発でない場合には、こうした自主研究会の役割が大きい。

次に校内研修について。勤務時間内の公的研修のなかでも、日本の学校現場が勤務校に即しながら伝統的に継承してきたのが自主研究会と同じく世界的にユニークな校内研修である。校内研修は校務分掌に位置づけられた担当者を中心に毎年度企画されるが、各学校が掲げる年間研究主題に従いながら、毎月ないし二か月に一回程度の授業参観に基づく授業研究が、小中学校ではもっとも一般的なスタイルである。

そこで、ある中学校で年間研究主題「生徒が自己表現力を高める授業の創造」に沿った提案授業を全教員が参観した後、全体で討議する典型的な校内研修を紹介しよう。

その日の授業は二年生女子(二クラス合同三六名)の保健体育で、授業者は四〇代の中堅体育科教師(男)である。単元はバスケットで、体育館でのパスの練習(四五分)。課題は「攻め役」「つなぎ役」「守り役」の役割が初めて与えられ、三者が連携することによって(特に「つなぎ役」の重要性)シュートチャンスが増えることの学習である。

授業の最初に授業者が三つの役割を説明した後、生徒がその役割内容をグループ内で確認し、続いて実際にパスの練習、最後に四チームに分かれてシュートを競い合う。

この授業を、同僚教師約二〇人が研究主題と学習指導案に関する資料を手に各自で記録を取りながら参観した後、会議室で約九〇分の授業研究をおこなう。最初に授業者が授業の狙いと流れについてビデオを用いながら短く補足説明。続いて同僚教師全員からさまざまな質問や感想、意見が出される。たとえば、生徒の動きと教師の指示との関係などの観察結果について。三つの役割遂行を核にした授業の組み立てについて。生徒一人ひとりの技能がどのように高まったのか、体育とは違う自分の担当教科にどう生かせられるかについて、など。

それらに対して授業者がまとめて応答した後、授業参観時から観察していた教育委員会事務局の指導主事が助言する。提案授業の運び方の評価、年間主題に対して提案授業がいかに貢献したか、今後いかなる課題が残されているか、など。

最後に校長がその日の校内研修全体を総括して終了した。終了後に授業者はその日の研修全体を振り返って以下のように語った。

体育は集団やグループを前提としますから、私が日頃から大切にしているのは仲間を大事にしながら体育の技能を高めるとともに運動の楽しさを味わってほしいということです。他教科の先生方には特にその点を伝えたかったし、仲間の大切さの点ではどの教科にも共通する課題だろうと思います。

今日はバスケットの技能を高め、仲間と一緒に競技する楽しさを味わうために、三つの役割を認識することを課しました。ただ、後の全体討議の質問にもありましたが、私はその課題に集中し過ぎて、生徒各人の技能の高まりを見届けることが少し弱かったかもしれません。

そして、校内研修を統括する校長〔男〕は以下のように語る。体育の提案授業でありながら、それはどの教科にも当てはまる授業原理の探究にほかならないことを「教科の本質」という興味深いことばで表現している。

校内研修で同僚教員に提案する公開授業は、授業者にとってはかなりの苦しみですが、その苦しみこそが資質・能力を向上させることに繋がります。その苦しみを同僚教員が見ることも、かれら自身の資質・能力を高めることになるのです。苦しみの中核は、結局のところ「教科の本質」を語り切れるかという点でしょう。
いうまでもなく校内研修は全教員が協力して進めるものですが、全員の協力が思うように進まないこともあり、それが本校の今後の課題です。

教育センターの研修

さて第2章で紹介したように、教育センターは教育の研究開発と教師の資質・能力向上のための地域拠点として各教育委員会事務局の組織に位置づけられているが、中心は都道府県と政令指定都市の計六九教育センターである(二〇一一年六月現在。以下「センター」)。

センターは、戦後新教育のあり方を審議した教育刷新委員会による「地方教育委員会と地方教育研究所を設ける」(一九四六年一二月)との提言のうち「教育研究所」からスタートした。したがって教育委員会制度と共にすでに六〇年以上の歴史を擁するが、教育委員会がその時々の政治状況と絡みながら常に論議の的となるのに対して、センターは主に教師を支える裏方的で地味な業務のせいか、一般にはほとんど知られてはいない。

しかし、各センターが実に整った編集によってインターネット上に発信しているウェブページを見ればすぐに分かるように、各地域の学校教育の質を高めるために多彩で意欲的な活動を着実に展開している。その任務は大きく分けて三つあり、第一に教員研修、第二に授業改善などの調査・研究・開発、そして第三に子どもや家庭の教育相談(不登校や発達障碍など)である。

第一の任務である教員研修は、どのセンターでもおよそ四つの柱立てから成っている。①基本研修(初任者・教職経験五年・一〇年・一五年など)、②職務研修(新任の校長・教頭・教務主任など)、③指導者養成研修(教育課程の各領域に関するリーダーなど)、④課題研修(教科指導や生徒指導、特別支援教育などの諸課題に関する希望に応じる)。その他、次節で触れる指導改善研修がある。

①については、臨教審の審議で教員問題が大きく取り上げられて一九八九年に「初任者研修」が導入されたことを契機に、各センターが教職経験年数に応じた研修の体系化・総合化を図ったものである。「初任者」と二〇〇三年に導入された「一〇年経験者」が法定必修研修で、他にセンターごとに三年、五年、七年、一五年などの研修を選択して組み込んでいる。

①~③についてはは各センターともほぼ共通した内容であるが、④については各学校や教師が直面している課題を拾い上げて、各センターの地域的特徴が示されている。そして、どのセンターの年間研修日程表を見ても講座プログラムで埋めつくされており、センターまで出向きにくい僻地や離島を含む周辺地域勤務の教師のために、出前研修も企画されて

いる。最近では在宅のまま受講できるｅラーニングの研修受講システムも広がりつつある。

小学校理科実験の希望研修

そこで④課題研修について、ある県のセンターで、ある日の研修を覗いてみた。小学校での実験・観察を核にした理科の授業力向上をテーマとした一日講座である。そのセンターの理科担当指導主事が県下の学校を廻るなかで、小学校教師が理科の実験を苦手としている現実を見、それを踏まえてセンターが企画した。子どもの理科離れを食い止めるためには、小学校での理科実験が大切であると全国的にも大きな議論になっていた。

希望制の受講であったが、びっしりと詰まった年間講座スケジュールのなかで、ちょうど年度末の学校行事と重なる時期の開講となったため、参加者は二〇代から五〇代までの世代を異にする男性三人・女性二人計五人と少なかった。逆にその分、じっくりと実験に取り組み、質問や感想を自由に発言でき、受講生同士がゆったりと交流することができた。

講座は受講申込の問題意識を披露し合う自己紹介から始まり、午前中は安全な理科実験を学ぶためのアルコール爆発実験（四～六学年・安全指導）と、石が丸くなるモデル実験（五学年・流れる水のはたらき)の二つの実験を踏まえながら、実験前の指導と実験後の子どもによる事象把握にどう対応するかを二つのグループに分かれて討議した。午後は鉄芯がないモーターをつくる実験(六学年・電流のはたらき)をおこない、予想→実験→結果→考察の思考過程を確認するための板書や理科ノート作成について検討した。講座終了後に受講生が語った内容を総合すると次のようになる。

小学校教師は理科の実験が苦手と言われていますが、必ずしも本当に苦手というのとは違うと思います。小学校ではクラスで一日中子どもたちと一緒ですから、実験の準備や予備実験、あるいは観察の場所探しをする時間や労力を割くのが難しく、実験や観察に躊躇してしまうことになりがちで、それが苦手と映るのかもしれません。気軽に実験や観察に取り組める条件整備に目が向けられるとよいと思います。

それにしても、今日は小学生になったような気持ちで実際に実験をおこない、子どもが何をどのように見て、どのようなことに興味を覚えるのかがよく分かりました。そうした子どもの視点を体得できたような気がします。子どもの発言やつぶやきを大事にする姿勢はどの教科にも必要なことだと痛感しました。安全な実験の準備など明日からすぐに使えるさまざまな技法を修得することができました。
そのうえ、勤務校が違う先生方と知り合いになれました。これからいろんな情報や実践の交流をしていきたいし、悩みの相談にも乗ってもらえそうです。

また、受講生の間を終始廻りながらきめ細かく助言を繰り返した指導主事は、次のように語る。

事前に提出された各課題書を読んだときからそうでしたが、実験の取り組みを拝見しても、理科の授業を高めたいという先生方の熱意が滲み出ていて、プレッシャーを感じたほどです。みなさんが実験を嬉々としてやられていたのは、具体的なモノが目の前にあり、モノを操作することが楽しいという実験がもつ特徴ゆえに、ごく自然な成り行きでした。この実験の楽しさのせいで、私も理科人を辞められないのです。

この講座を参観しながら私が感じたことは三つある。第一に受講者が小学生になったように、疑問や驚き、喜びなどを大きな歓声で表わしながら実験を楽しんでいる様子から、こうした教師自身による実験の体験が授業を通じて子どもたちに理科のこころを伝えていくにちがいない。つまり、教師の育ちが子どもの育ちと重なっていくだろうということ。

第二に実験を体験することが講座の中心だとしても、それを通じて全員で一日かけて探究したのは、予想→実験→結果→考察の思考過程に示される「理科の本質」だったこと。

第三に勤務校・性別・世代を異にする教師が協働して取り組んだ講座が思いがけない交流の場となった。研修もまた「協業」であることを再認識させられたこと。

以上のように、センターは教師の資質・能力向上の地域的拠点として大きな役割を果たしているにもかかわらず、各自治体の最近の財政難のなかで、人員減や予算減のしわ寄せをもろに受けているのが全国に共通する実態である。

もともと教育委員会事務局の学校教育担当部署には、研修部門（研修課等・センター）と人事管理部門（教職員課等）があるが、前者は後者よりも弱い立場に置かれていることもあって、行政合理化により人員と予算の削減を受けてセンターの地位がさらに下がっているのが現実である。教育の質が大きく問われ、とりわけ教師の質の向上が強く求められているにもかかわらず、全国のセンターの合理化の実態を見るならば、自治体の教員政策はそれを実現するのとは逆の方向に向かっている。

逆方向へ向かう背後には、いくつかの理由が潜んでいると考えられる。第一に世論全体に関わる理由として、教師教育の全過程のうち「教員養成」と比べて「現職研修」の重要性に対する認識が弱いのではないか。第二に自治体政策側に関わる理由として、資質・能力向上は人的・予算的措置が無くても「教員個人の心がけ次第で実現できる」といった安易で精神主義的な思い込みがあるのではないか。第三に研修を実施するセンターと教師教育を研究する大学の双方に関わる理由として、研修がどのように資質・能力向上に効果をあげるかについて、客観的で説得的な評価方法の開発が遅れているのではないか。

一方で教師バッシングの風潮があり、他方で法定研修が次々と課せられるなか、現実には目の前の子どもの教育につまずき、悩みを抱えている教師のかなりの部分が精神疾患に陥っている。にもかかわらず、問題を具体的に解決するためのセンターを中心とした研修の財政的条件整備が貧弱化するという不適切な仕組みがまかり通っている。

必要に応じていつでも気軽に研修を受けられて英気を養うことのできるような余裕のある教員の配置と、研修に必要な経費を十分に確保する財政措置が、今ほど要請されている時代はない。

さて、一般の研修プログラムとは別個に企画運営されているので、教師の間でさえまったくといってよいほど知られていない法定研修が次の指導改善研修である。

4 指導改善研修を通じた育ち

指導改善研修プログラム

センターの訪問調査結果を踏まえながら、第2章で指導力不足教員の問題について概略を述べた。ここではさらに指導改善研修の実態を紹介しよう。そしてセンターでの現職研修のなかで指導力不足教員への対応がもっとも困難であるだけに、その突破口を探ってみたい。ごく限られた事例の報告になるが、そこからは教師の育ち全体に一般化しうるような知見を得ることができる。

各センターでの指導改善研修には、ほぼ共通して以下のような特徴がある。

原則一年という限られた期間に研修効果を上げるためには、認定教員（以下「研修生」）がどのような指導力不足の実態にあるのか、学校現場でなぜ解決できなかったのか、そして認定諮問委員会ではどのような審議だったのか、などの詳細な情報をセンターが事前に入手して、各研修生に即した研修の準備をすることが必要である。

そのためには、教育委員会事務局の人事管理部門が研修生に関する情報を研修部門に十分に伝えることが不可欠である。両部門の連携が円滑な場合には研修を進めやすいが、そうでない場合は効果を上げにくい。

指導改善の研修プログラムはどのセンターでも総合的な内容と方法から成る。まずセンター内での個別面接指導をはじめ、研修生による資料調べ、教材研究、模擬授業を中心に、センターの他の研修講座の受講などを含む。さらにセンター外での在籍校を含む学校現場での授業参観や授業実践、さらには一般企業、福祉施設、青少年自然の家などでの体験活動など、実に多彩である。

指導改善研修の長所は参加人数が少ないので個別指導や小集団での参加型研修をふんだ

んに取り入れることができる点にある。おそらく、これまでの在職中にそうした参加型研修を受ける機会が無かったのだろう。研修生にとっても同じ立場の仲間と一緒にワークショップに参加することが少しでも積極的な態度を作りだしているようで、センター担当者から見ても、講義形式よりもワークショップ形式の方が効果を上げやすい。

ただし、短所はセンター内に子どもと保護者がいない点である。多忙な学校現場から離れた静かな環境下で自分のペースに沿って日頃の取り組みを見つめ直すことはできる。しかし、そうした環境は復帰すべき学校の現実から縁遠い。あるセンターの担当指導主事は指導改善研修のジレンマについて次のように語る。

ここしばらく指導改善研修に関わってきて感じることは、センターに隔離するような形態での研修には限界があるということです。子どもや保護者との関わりが苦手でストレスを感じてしまいやすい研修生にとっては、センターではそうした対人関係無しに過ごせますから、そのうちセンターの居心地が良くなってしまう場合もあります。しかし、それでは研修になりません。学校現場で子どもを目の前にして研修する形態がやはり望ましいと考えます。そこで、研修期間の後半に入る頃からは可能な限りセンターから学校へ出かけて、在籍学校あるいは協力学校での授業参観や授業実践をどしどし実施するように努めています。もちろん、受入れ学校が指導力不足教員の立場を理解し、学校に復帰してもらうために同じ教員として協力する姿勢を確立していることが不可欠です。

最後に述べられた「同じ教員として協力する姿勢」は研修生の受け入れ学校に限らない。一年間の研修を終えて学校に復帰した後も職場仲間からフォローしてもらう意味でも、そして指導力不足認定教員にまで至らないとしても、すべての学校職場で普段から何らかの弱点を抱えた同僚教員に対してはたらきかけるという意味でも、基本姿勢として求められるからである。

「協業」としての学校組織ならば、それは当たり前の協働関係の一環である。そして、その姿勢は同じ実践者として経験的に抱く「教師は現職を通じて育つ」という信念によって支えられているはずである。具体的な事例については次項で紹介したい。

指導改善研修修了後は多くが学校現場に復帰するが、なかには依願退職や他職場に異動する者もいる。研修に向き合うなかで、教師としての自分の資質・能力と折り合いがつけられなかったのだろう。また、研修を通してまったく成果が見られなかった結果、慎重な最終判断によって分限免職になるケースも無いわけではない。「分限」とは「身分保障の限界」という意味であり、分限免職は懲戒免職とは異なって公務の効率性を保つためにおこなわれるもので、退職金は支払われる。

いずれにしても、最大限の支援をおこなってきたセンターの担当スタッフは、学校復帰以外の進路となった諸結果に対しては「ただ忸怩《じくじ》たる想い以外の何物でもありません」と率直につぶやく。

それにしても、民間企業の社員なら転職は日常的に見られるが、教職については他業種からの転入は好意的に受け止められる一方、教職を途中で辞めたり、転職したりすることは否定的な反応を受けやすい。そこには教職は聖職であり、最後まで勤めるのが義務といった伝統的イメージが現在に至るまで暗黙のうちに込められているようだ。

しかし、どの職業にも向き不向きがある。教職には多様な研修機会があるので、機会が与えられれば資質・能力が成長を遂げることが多いけれども、センターのスタッフがどれだけ入念な指導と助言をおこなっても、成長がどうしても見られない残念なケースもなかにはある。学校復帰以外のケースはそうした現実を物語っている。

開放的学校環境のなかで

「教師は現職を通じて育つ」という仕組みが指導力不足教員の場合にも当てはまる数少ない事例を報告したい。センター内に閉じこもらずに、協力校へ通うなかで自分の課題を追究した研修生が学校復帰を果たしたケースである。このケースは、教師が育つにはどのような学校環境を創造する必要があるかを指し示している。

あるセンターで指導改善研修を受けていた研修生が外部の学校現場で研修を進める段階となり、センターが協力校を探していたところ、教職員課勤務時代にこの教員が課題を抱えていることを知っていた、ある小学校長〔男〕が引き受けてもよいと申し出た。もしかすると、学校復帰の可能性を少しでも予感していたのかもしれない。

校長は受け入れることについて職員会議で話して協力を求めた。明るい性格で何でも開放的に話す姿勢が全身に滲み出ている校長は、受入れの経緯を次のように語った。

私は日頃から「心を拓く子」を教育目標にしています。その目標達成のためには教師こそ「心を拓く」姿勢をもっていなければなりません。受入れ協力について職員会議で次のように率直に話しました。

「私たちと同じ教員が指導改善研修を受けています。何らかの理由で心を拓いていないのであれば、わが校で同僚教員として受入れ、子どもたちと触れ合うなかで心を取り戻してもらったらどうだろうかと考えました。ただし特に何かをはたらきかける必要は無く、校長と教頭が助言役となるので、皆さんはただごく自然に接して見守ってもらうだけでよいのです」と。

特に反対は無く、しばらくして受入れが了承されました。さっそくその教師は朝七時半に出勤し、校長と一緒に校庭のゴミ拾いの後、子どもたちの登校を迎え、一人ひとりと挨拶を交わします。晴れの日も雨の日も毎日挨拶を交わすものですから、子どもたちにも受け入れられていきます。

五年生のクラスに入って、支援を受けながらの授業研究が始まりました。教頭が指導案の助言をし、実際に道徳の授業をおこないました。出来は六〇点くらいでしたが、本人は達成感を味わったようでした。その後も授業実践をしながら約二か月を本校で過ごしました。何かを体験的に摑んだようでした。授業技術というよりも、子どもとどう関わるかについてだったように思います。

この研修生が協力校での研修経験を経て学校復帰ができた経過で印象的なことがある。何よりも学校現場で実地に研修したこと。その学校が開放的ですべてを自然に受け入れる「協業」の姿勢が根付いていること。校長や教頭がさりげない助言者となったこと。こうして、学校がもつ組織の力が当然のように発揮される環境のなかで、それこそ校長が意図したような「心を拓く」経験を味わったにちがいないこと。

指導力不足教員については、学校教育関係者が口をつぐんでタブー化するくらい、閉ざされた取り扱いをされがちである。それとは対照的に、開放的な学校環境が与えられたのがこの成功事例である。

指導力不足教員の認定まで至らなくても、クラス担任を任せられないような教員は僅かながら存在する、という指摘は全国各地のセンターで耳にする。その現実を隠したり片隅に追いやったりするのではなく、教師といえども短所や弱点をもつ場合もあることを率直に子どもや保護者に伝えて協力を求め、該当教師自身が自らの問題を克服して育っていく様子を見守っていく全校的な姿勢が重要であることを、この成功事例は物語っている。

第4章　教師が育つ環境

1　「出会い」に囲まれる

「教師が育つ道筋」と「出会い」

「教師を育てる制度」とは、こうすれば時代と社会の要請に見合った教師を養成し、さらにその質を高められるはずだと構想して意図的に作られた仕組みである。これに対して「教師が育つ道筋」には、意図せずに生じる出来事が教師の生涯学習の上で重要な軌跡を形成することが含まれる。その出来事は一言で「出会い」と呼んでよいだろう。

「出会い」の語義は、偶然に会うこと、初めて対面すること、急に直面することであるが、一般に「出会い」とはそれ以上に重要な意味を帯びる経験として人々に受け止められている。「はじめに」で取り上げた里山担任が「児童生徒・教職員などとの出会いがあり」と語った場合もそうである。

第一に当人にとってはあくまで不意の出来事であり、出会う対象の方も意図的にはたらきかけているわけではない。第二に出会いの対象は今まで会ったことのない人物が中心であるが、他に書物とか特定の組織、風(光)景など人間以外も対象になることがある。第三に当人が全身を大きく揺さぶられるような情動を伴い、従来から当然のように身につけていた認識方法や価値判断、行動様式を塗り替えさせられるような強い影響を受ける。教職の場合で言えば、知識・技術が単に量的に増えるのではなく、それらを操作する根本姿勢が質的に転換する契機となる。したがって第四に当人の職歴や人生経歴の大きな転機となる。そして第五にその転機が当人の育ちとなる。

そうすると、これまで取り上げた教師の「声」が多少とも「出会い」に言及していたことに気づく。そうした出会いとなった事例を振り返ってみよう。

当初は学級崩壊状態に「途方に暮れ」ながらも必死で向き合った六年三組の子どもたち(はじめに)。休職に陥った新任教師が用事で職員室に出かけたときに「一緒に教室へ行こうよ」と何気なく声をかけた三年生のクラスの子ども(第1章)。同僚と教科指導について「喧嘩に近い」議論をした、特色ある教育を展開する大規模中学校(第3章)。大学で専攻する教科の講義でわくわくした「自分を語ってくれる先生」(第3章)。「自分の生ぬるさを思い知ら」せた自主研究会の先輩教師（第3章）。指導力不足教員に対して子どもとの関わりを見つめ直す機会を提供した協力校の校長（第3章）。

以上の他に、インタビューから出会いに関連する二つの事例〔退〕を追加しておこう。

（1）理科専攻の女性。小学校勤務の現職中は校内研修として理科や算数などの授業研究の運営に携わるとともに、読書、作文、図書館指導などの実践にも力を入れた。そして、忘れられない子どもとの出会いを語った。

新任から三年目に、担任するクラスにダウン症の子どもが入ってきました。親が普通学級を強く希望したのです。担任二年目からは当時の特殊学級の先生に補助をしてもらいましたが、私自身その子と四年間関わることになりました。私もまだ若くて、知らないことが多かったですから、子どもをどう理解すればよいのか、実に多くのことを学びました。

そして印象的だったのは、その子の存在によって、周りの級友たちが友達にやさしい気持ちになっていったことでした。特殊学級の若い教師とともに、私たちはその子から成長させてもらったと、今でも思い出します。

(2)同じく理科専攻の男性。三〇代前半で中学校勤務から小学校勤務に変わって五年生担当となり、初めての授業参観があった。国語の授業で板書をしたところ、あとで保護者から筆順が違うとの指摘があった。

自分の悪いくせである早口とか、児童のしつけができていないといったことを言われるのでないかと予想していましたし、中学校のときは筆順など意識したことがなかったので、指摘されたときは虚を衝かれたような思いで本当に驚きました。「怠惰」の「惰」の「左」部分の筆順が違っていたことを今でもはっきりと覚えています。ところが、指摘してくれた親の隣に座っていた初老の保護者——おそらく祖母が親代わりで出席していたのでしょう——が次のように発言したのです。

「まだ若いんだし、中学校から来たそうだから、小学校の先生としてはいろいろ不十分なところもあるでしょう。これから子どもと一緒に学んでいったらいいのでは。」

私は助けられて慰められたという思いよりも、「子どもと一緒に学」ぶという一言が強烈に印象に残り、教職をどう捉えるかの核心を示されたような気がしたのです。その祖母の発言の様子は、今もなお鮮明に記憶しています。

（1）のケースは「子どもが教師を育てる」の好例だとすれば、（2）のケースは「保護者が教師を育てる」の好例である。従来からしばしば言われてきたこれらの表現は、教えることと学ぶことが表裏一体であることを意味し、教える立場が一方的にはたらきかけるのではなくて、教えられる立場との双方向性を示している。この点は資質・能力の六層で言えばD〔対人関係力〕とE〔教育観〕（表**2-1**）に関わる重要な現実である。

「出会い」の仕組みと学校環境

さて、一般に出会いと言えば、偶然に会った人間の偉大さや影響力の強さに注目しがちである。では、すばらしい人と会ったすべての人に出会いが生じるかといえば、そうとは限らない。つまり、出会いの対象の特質もさることながら、会う当事者の方にも出会いを生じさせる何かがあると考えないと、転機となるような出会いとはならない。

おそらく、何かの問題に日夜ひそかに悩み、何かの課題を探究し続けていたというように、何かを求める態度を意識的または無意識的にもっている場合に、ある人とたまたま会ったことがきっかけになって、問題が明確化され、解決の手掛かりが得られ、課題への接近法が摑めるようになり、少しでも前進できる力が湧いてくるのではないか。

そうだとすると、当事者である教師の側に資質・能力の六層で言えばF〈探究心〉が多少なりとも備わっていないと出会いは実現しないと言ってよいだろう。言い換えると、影響力ある人をただ単に待ち望むだけでは出会いは生じない。自分が抱える問題や課題を解決するにはどうすればよいのかについてそれなりに苦悩し続けているときに、突然に対象となる人（書物、学校組織、光景なども含む）が出現するのである。

そうであるなら、「教員養成」「初任者研修」「現職研修」三段階のいずれにおいてもF〈探究心〉の培養がいっそう重要な課題となる。第2章で述べたように、資質・能力のエネルギーの源泉となる基盤だからである。にもかかわらず実際の教師教育の場では、そうした課題はあまり話題にはならない。

そこで、出会いが実現する学校環境についてまとめよう。

教師はさまざまな出会いによって大きく育つ。ただし、旧態依然たる固定的な型に支配され、それに教師が疑問を抱かないような学校組織では出会いは生じない。それまでとは異質な人や情報などに対して柔軟に対応できる開放的な学校環境のもとでこそ出会いが実現する可能性がある。そして、出会いを意識化し、多少ともその意識について同僚と意見交換できるような時間的・精神的余裕と教員間連携が必要である。第３章４節で挙げた指導力不足教員の育ちも、そうした学校環境のなかで実現したと言える。

他方、教師の方にも常に探究する心で教職に取り組む態度が求められる。その心は何も問題がなくて平穏で充足感のある状態ではなくて、ある程度の疑問や不満、悩みなどがあって、しかもその解決に向けた模索の姿勢を秘めている状態だと言えよう。

2　教師を支援する人々

教師サポートネットワーク

「個業」として教職を捉えると、今日の教職生活は難しい。家庭や地域の変化が激しく、子どもや保護者がさまざまな問題を抱え、教師一人でかれらとやりとりするのは荷が重過ぎるケースが増えているからである。そして相次ぐ教育(員)改革に追い立てられるような学校現場では余裕を持ちにくいからである。しかも日本の教師は総じてまじめで責任感が強いだけに一人で問題を抱え込み、ストレスが昂じてバーンアウトに陥る例が多いからである。

そこで、学校教育は「教師が担う」とこれまで自明とされてきた限定され閉ざされた考え方を、「教師とその支援者が担う」というように、開かれた新しい柔軟な捉え方に転換してはどうだろうか。それは「協業」としての教職観への転換となり、開放的で自己革新的な学校組織を構築する基礎ともなる。負担を軽減するために従来から叫ばれている教員定員増に加えて、さらに違った観点からの捉え方である。

もちろん、「教師とその支援者が担う」と言っても、教師の役目を軽んずることでは決してない。職務が多岐に広がりすぎて多忙化する教師を支援者がカバーすることで、大切な教材研究に割く時間さえ削らねばならない現状を克服するためであり、支援者を介して学校を開くためであり、教師がさまざまな役割の人々と接することで思いがけない出会いが生まれるとともに、資質・能力を向上する契機を得るためであり、ひいては子どものためである。

支援者として想定するのは、最近少しずつ関心が高まってきた「スクールソーシャルワーク」で、教師と連係する専門的役割の人たちや機関などである。つまり、医師・保健師・社会福祉士・精神保健福祉士・民生委員・児童相談所・児童養護施設・発達障碍者支援センターなど、子どもの発達と教育に貢献しうる地域社会の人的資源である。

スクールソーシャルワークについては補足説明が必要だろう。文科省が一九九五年に「スクールカウンセラー活用調査研究委託事業」を開始してからスクールカウンセリングは全国で普及している。ただ、小中学校へのスクールカウンセラーの全国配置がかなり行き渡った頃になって、学校現場ではスクールカウンセラーで十分に対応できない生徒指導上の諸課題に関心が向けられるようになった。

それは、貧困、失業、児童虐待、両親の不和、離婚・再婚など、これまで学校が気付きにくく手をつけにくかった家庭や地域社会に潜む諸問題に注目しなければ、子どもの問題行動の理解も解決も難しいことが意識されるようになったからである。それに不登校や暴力、非行、あるいは特別支援に関わるような馴染み深い問題でも、子ども個人の心理臨床に当たるスクールカウンセラーでは家庭や地域にまで立入る手立てを講じるには限界があるからでもある。

そこで、スクールソーシャルワークが全国各地で取り組まれるようになってきた。文科省もようやく二〇〇八年にスクールソーシャルワーク活用事業を新たに開始した。スクールソーシャルワークとは①子どもの問題行動を教育面だけでなく広く福祉の観点からも捉えて、②子どもの環境改善にはたらきかけるために、③地域の専門家や諸機関と適切な情報やサービスを繋げていく連係活動である。この連係を担うのが「スクールソーシャルワーカー」である。

ただ、本節で注目するのはスクールソーシャルワークそのものではなく、スクールソーシャルワーカーが教師と繋げようとする地域の専門家や諸機関を「教師のサポートネットワーク」として捉え直すことであり、開かれた学校を具体化するとともに、教師が育つ環境を一層広く豊かに構想することである。

すでに学校内には保健室の養護教員やスクールカウンセラーがいて、担任教師が知らない子どもたちの生活現実に向き合っている。かれらも教師のサポートネットワークの一員となりうるのだが、現状を見ると教師との間に少し垣根が見られることがある。子どもたちを知り、抱えている問題を摑んで解決することは教師と共通する課題であるから、可能な範囲での情報交換がもっと日常的におこなわれてよい。

サポートネットワークという捉え方は、その垣根を低くして学校の内側を開くことにほかならない。そして同時に、学校外部の専門家や諸機関と連係して学校を地域社会に対して開いていくことである。学校を内外に開くことは教職の「協業」的性格をいっそう充実させることになる。

ボランティア活動の可能性

近年増えているNPOやボランティアグループのなかには、子どもの発達と教育を支えることのできる機関が含まれており、それらはスクールソーシャルワーカーが教師と繋げようとする専門家や諸機関と同じように人的資源として位置づけることができよう。

高校で生徒指導を担当する男性教師が扱った事例を紹介したい。その教師は日頃からスクールソーシャルワークに関心を持ち、各地の実践事例を知るうちに、学校は地域の人的資源をもっと積極的に活用した方が生徒にとっても教師にとっても有益であるという考えを抱いていた。

タバコと酒についつい手を出してしまって一週間の停学処分を受けた生徒を、停学中にどう指導すれば良いかを思案しているうちに、以前から繋がりがあった地域のボランティアグループに預けることを思いついた。

停学中の生徒は自宅で自習して過ごすことが多いのですが、それで指導になるかどうか疑問で、何か他にできないかと考えました。家庭訪問をして勉強の面倒を見る方法もありますが、学校に反抗的でタバコや酒に手を出したのですから、家庭に学校を持ち込んでも逆効果かもしれません。

そこで、障碍者の授産所の手伝いをするボランティアグループに頼み込みました。ボランティアの一員として高校生を受け入れようとグループが了解してくれ、生徒はわずか三日間でしたが、授産所に通いました。

生徒はカルチャーショックを受けたようです。障碍者と触れあうのも初めてなら、授産所の様子を見るのも、ボランティアの一人として手伝うのもすべてが初めてでした。短い時間でしたが、それまで味わったことのない世界をつぶさに体験したことになったのでしょう、それまでのものの見方や価値観、行動の仕方などが根底からひっくり返ったのに違いありません。その体験が立ち直りのきっかけになりました。

私としてはただ自宅で過ごすよりは社会で実地体験をした方が、というくらいの気持ちでしたから、ここまで立ち直りのきっかけになるとは予想していなかったので、驚きました。学校の外にある多様性に満ちた現実世界が思いがけず発揮する教育力について気付かされ、考えさせられたのです。ともすれば学校の枠内に閉じこもりがちな教師のあり方を反省させられました。

たしかに、これまで「地域が子どもを育てる」とか「地域の教育力」がしきりに口にされてきた。ただし、その場合に「地域」として意味されていたのは地縁の強さに基づく近隣関係や町内会、婦人会などである。そのなかで地域の宝として子どもの成長を見守る姿勢や、地域子ども会やスポーツ少年団などの伝統的組織による諸活動が念頭にあった。ところが、今日では地縁や近隣関係が弱体化し、少子化とも相まって地域子ども会でさえ成立しにくいという事態となっている。そのうえ、教育市場の競争主義が広がるなかで、自分の子どもにだけ関心を向ける傾向が強まっている。このようななかで「地域の教育力」として新たに注目すべきは、教師と連係する専門家や諸機関であり、特定の目的で結成される自発的なNPOやボランティアグループなどである。そして、それらを教師のサポートネットワークとして積極的に捉えていくべきだろう。右の語りにあったように、そのネットワークのなかで教師は思いがけない育ちを遂げることができるはずである。

3　生徒が育ち、保護者が育ち、教師も育つ

子どもとケータイ問題

さて、これまで教師が育つ環境について、いくつかの角度から述べてきた。取り上げた諸事例からも分かる通り、その環境とは教師と子ども、保護者、地域の人々、そして同僚との人間関係そのものである。諸事例では教師の育ちに焦点を当てたが、学校組織の他の成員である子どもと保護者とはどのように関係してくるだろうか。三者の関係について焦点を合わせてみよう。ここでも具体的な事例を挙げて検討したい。

その事例とは、いわゆる「子どもとケータイ」問題の解決のために、二〇〇八年度から生徒数約一一〇〇名を擁する私立女子高校（中高一貫校）が取り組んでいる実践的研究開発である。その取り組みを通して、子ども・保護者・教師の三者の育ちが螺旋階段のように自然と積み上げられていく様子を発見した。まず、この事例がいかなる学校環境のなかで展開しているかについて経緯の概略を述べておきたい。

わが国で一九八〇年代後半に初めて登場した携帯電話は、九〇年代以後になると単なる移動電話だけでなくメールやインターネット、時計、写真、ゲーム、テレビ(ワンセグ)などの多機能が付加するなかで、通信「道具」だけでなく「遊具」としても進化し、今日では誰もが日常的に携帯する不可欠の消費財として定着するとともに「ケータイ」と表記されるようになった。その後、パソコンの機能に近いスマートフォンも急速に広がっている。

ところが、ケータイがもつ「利便性」に対して、二〇〇〇年代後半から青少年による有害サイトへのアクセスや「ケータイ・ネットいじめ」、「ケータイ依存症」などの「危険性」が論議を呼ぶようになった。二〇〇八年五月に政府の教育再生懇談会が第一次報告の冒頭でケータイ問題を取り上げ、「必要のない限り小中学生が携帯電話を持たないよう、保護者、学校関係者が協力する」と提言して以来、「子どもとケータイ」が新たな社会問題として浮上した。子どもがネット犯罪に巻き込まれる事態に慌てた国は、有害サイトへの接続を遮断するフィルタリング措置として「青少年ネット規制法」(二〇〇八年)を成立させた。

ただ私としては、子どもたちに対して新しいメディアの浸透を規制するだけの対症療法的な動きに素朴な疑問を抱いた。それは子ども時代にケータイを経験しなかった大人世代がうろたえ、対処法が分からず、咄嗟に取った措置に過ぎないのではないか、と。

小中学生に携帯電話を持たせないとは言っても、実際にはすでにかなりの部分が持っているわけだから、子どもや親は当惑するのではないのか。高校生になった途端に所持してよいことになれば、ケータイの利用法やルールについてはいつ学習すればよいのか。ケータイを規制するならパソコンはどうなるのか。子どもの私物であるケータイの管理責任者は多くの場合に費用を負担している保護者だから、本来は家庭で指導すべきにもかかわらず、保護者は新メディアについての知識がほとんど無いので、本務ではないのに学校に指導が要請されるとはどういうことか。教師の間にもケータイに対する賛否両論があり、小中学校への持ち込み禁止は当然だとしても、高校への持ち込みは禁止するのかどうか。ケータイの危険性についての解説書が次々と出版されるが、すべて大人が書いたものであり、ケータイの実際をよく知っている子どもたちの意見はどうなるのか、など。

こうして高度情報（メディア）社会に取り囲まれた学校は、これまで考えたことのないような新たな課題に向き合わざるをえなくなった。事例に挙げている女子高校では、ほとんどどすべての生徒がケータイを所持している。しかし、校則では持ち込み禁止であり、違反した場合は没収して注意し、後で返却する措置を取っている。では、何を理由にどのように注意するのか、没収措置は八〇年代の荒れた学校時代によく見られた管理主義教育的な持ち物検査の再来にならないか、など検討すべき点が多い。

高校生による自己規律主義

もともと「子どもとケータイ」問題に関心を抱いていた私は、情報メディア社会とコミュニケーションの観点からその女子高校に次のような四つの提案をした。

(1)大人が外側から一方的な「規制主義」で押さえ込む対策に対して、生徒が自らの内側に「自己規律主義」を培う方法を開発できないか。

自己規律主義とは子ども自身がケータイとどうつき合えばよいかを検討しながら適切な知識と技術、態度を身につけるという考え方で、メディアリテラシー学習を生徒自身がおこなうことである。それは生徒の内側に潜む問題克服力を表に導き出すエンパワーメントの取り組みにほかならない。

つまり、メディア世代である生徒たちがケータイ機器に支配されるのではなくて、逆に主体的に活用できるように「生徒中心」の解決を目指すことである。教師と保護者はその手助けをするという立場に立つ。

（２）「子どもとケータイ」に関する大人の議論は、ケータイ利用の実態とその危険性に注目し過ぎており、人間世界のコミュニケーションという本質的な上位の観点からケータイを適切に位置づけられないか。

人類のコミュニケーションには大別して三つのタイプがある。Ⓐ原始の時代から直接的対面関係として人間生活の基本である「ヒューマン・コミュニケーション」、Ⓑ近代から現代まで発展を遂げた新聞・ラジオ・テレビといった「マス・コミュニケーション」、Ⓒ一九八〇年代以降に急速に普及したパソコン、さらに九〇年代後半から加速度的進化を続けるケータイやスマートフォンといった「メディア・コミュニケーション」である。

現代の花形であったⒷは一方向的であるという限界を持ち、進化が目覚ましいⒸは双方向的であるだけに、今やⒷを凌駕するほどの勢いがあり、Ⓐにも大きな影響を及ぼしている。そこで逆に学校ではコミュニケーションの原点であるⒶを見直して、若い世代の対人関係力を培う重要な課題があるのではないか。
(3)コミュニケーションの原理も含めて、生徒有志がケータイの諸問題を調べてその長所と短所を検討し、賢いユーザーになるための小さなハンドブックを制作してはどうか。
(4)それをテキストにして生徒同士や保護者がそれぞれ学ぶ機会をつくってはどうか。
生徒は同輩世代から学び、保護者は年少の子どもたちから学ぶことになるが、それは従来のように年長者から年少者が学ぶという自明の学習方法とは異なり、情報メディア社会のように変化が激しい時代に求められる新たな学習形態の一環となるだろう。

以上の提案がすぐさま学校側に受け入れられたわけではなかった。というのも、そんなプロジェクトは今まで経験が無い。どの校務分掌が担当するのか分からない。教科で言えば「情報」が関わるだろうが、教科学習でもない。単位に関係しないのに、生徒が自主的にそんなハンドブックを制作するだろうか。教師は助言役割と言うが、指導しなくて大丈夫なのか、などの意見が出されたからである。

ケータイハンドブックの自主制作

全校的に取り組むまでの合意は得られなかったが、新たな入学生を受け入れる一年生の担任団がこの機会にケータイ問題を考えてみようと、試行錯誤的に動き始めることになった。約四〇〇名の一年生にハンドブック作成の有志を募ると、意外にも五〇名も集まった。五〇名といえば一クラスの人数以上だ。そんなにも多くの有志が名乗りをあげるとは予想していなかったので、教師たちは驚く。生徒たちにとっては実に身近なテーマであり、ケータイ世代と評されながらも、実際には何かと疑問や問題、課題をそれとなく感じていることの現われなのだろう。

二〇〇八年六月に私が生徒有志に対して「ケータイとのつき合い方――メディア・コミュニケーション時代と私たち」を講義した後は、彼女たちは興味・関心に従って分かれた九グループごとに、夏季を通じて独自の調べ学習を進め、秋から冬にかけて中間発表会を繰り返し、年末には四〇〇字詰め換算で計五〇〇枚にも及ぶ原稿が集まった。この間、一年担任団がグループに分かれて適宜助言をおこなった。何回かの編集会議を経て、翌〇九年三月には五〇ページの小冊子『高校生がつくるケータイハンドブック』第一版(以下『ハンドブック』)が完成した。

その内容は、コミュニケーションの観点から同じ一年生仲間のケータイの実態と意識をありのままに描き出し、ケータイの利便性と不便性そして危険性を一問一答式で説明し、ケータイ利用のルールを提案するというレベルの高いもので、しかも簡潔にまとめられ読みやすい。「コミュニケーションとメディアから見たケータイの長所と短所」「ケータイの多機能的魅力と落し穴」「ケータイ依存症」「ケータイ・ネットいじめ」「ケータイとネットのネチケット」などの項目が並ぶ。

授業の課題でもなく成績とも関係がないのに、よくぞここまで作り上げたというのが多くの教師の評価であった。年度末には一学年全体で発表会を開いた。『ハンドブック』の完成後は、このプロジェクトが徐々に全校に認められ、受け入れられていく。以後は全学年の生徒有志が毎年のように自主的に増補改訂を加えていった。

二〇〇九年度には有志一〇人が「ケータイ依存症」の事項を膨らませるとともに、「電磁波」や「廃ケータイと環境問題」、「親子で考えるケータイ」といった先進的内容を補足して第二版を制作した(二〇一〇年四月)。二〇一〇年度には一部メンバーが交代した有志一〇人が一年を費やして、世界五か国(中国・韓国・米国・英国・フィンランド)のケータイ・ネット事情を調べた「海外編」を増補して第三版を完成させた(一一年四月)。一一年度には一部メンバーが交代した有志一二人が「スマートフォン」と「災害とケータイ」を増補して第四版を仕上げた(一二年四月)。第一版から少しずつ頁数が増えて第四版では六〇ページとなった。

この『ハンドブック』の著者たちは、新しい版ができると新一年生に説明会を開き、また中学校にも出向いていってガイダンスをおこなっている。大人による「規制主義」ではなく、同輩によるピア・コーチングを通じた「自己規律主義」の啓発活動である。毎年実施している同高校生の実態アンケートによれば、少しずつ「ケータイ依存」傾向が弱くなっていることが分かる。

さて、こうした『ハンドブック』づくりの自主活動によって生徒有志はどのように育っていったか。各版の「あとがき」に記された生徒自身の感想からそれをうかがうことができる。各版から一人ずつ抜き出そう。

「私たちがこの活動に加わったのは、ケータイ・ネットいじめという私たち世代の問題としっかり向き合って考えてみようと思ったからです。活動をしてみて、実際に起きたいじめや対処法などたくさんのことを知ることができました。メリットもデメリットもあるケータイを一人ひとりがしっかりとして使っていきたいと思いました。」(第一版)

「活動が忙しくて落ち込むことがたびたびあった私を支えてくれたのはメンバーの言葉だった。思うように仕事ができずに悩んでいたとき、焦っている私を心配してくれたとき、大丈夫だよと励ましてくれたとき……。そのたびに、言葉には思いやる心を表現できる力があるのだと噛みしめた。何にも代えがたい言葉を大切にすることはケータイを使ううえでも重要ではないだろうか。メンバーには心から感謝します。」(第二版)

「誰でもなってしまう可能性のあるケータイ依存症について、日本だけでなく世界のケータイ事情を知ることにより、遠く離れた国でも同じ問題が起きていることを知りました。各国の現状や対策を学び、依存症はなっても仕方のないものではなく、防ぐことができるものなのだと再認識しました。」(第三版)

「ハンドブックの制作に携わることになり、改めて家族との関係について深く考えることができました。ケータイは悪く使えば家族間の壁になりますが、うまく使えばお互いの理解を深め、また私たちの安全を守ってくれるものだと考えています。」(第四版)

保護者によるケータイ研修会

ともすると忘れられがちであるが、子どもの私物であるケータイの管理責任者は保護者である。『ハンドブック』は保護者が慣れない新メディアについて学ぶテキストの役目も負っている。生徒から「親子で作ろうケータイルール」(使用時間や料金、個人情報保護、家族との団欒など五カ条)が提案されているのもそのためである。

二〇一一年三月、中高PTA役員約五〇人の母親が集まって研修会を試行的に開催した。「ケータイの賢い管理責任者を目指して」を目的に掲げ、以下の六ステップによる研修時間は九〇分である。私も助言者として参加した。

①事前に全員が『ハンドブック』第二版を読んでおく。

②代表三人が分担して『ハンドブック』の要約と質問、感想を発表する。

③各班五人ほどで一〇班に分かれて、子どものケータイをめぐって「井戸端会議」と称する自由な懇談をおこなう。

④「親子で作ろうケータイルール」を参考に、各班で「家庭でのケータイルール」をまと

める。
⑤班でまとめたケータイルールを代表が発表し、全体で意見交換をおこなう。
⑥助言者による成果と課題の指摘。
六ステップのなかでの中心はもっとも時間を割く③であり、一方的な講演形式でない「参加型」のスタイルである。この試行研修会では、生徒が作った『ハンドブック』だけに親しみが湧いて大いに参考になっただけでなく、班ごとの自由な懇談会が良きヒントを与えてくれたと好評であった。

そこで、次に第三版をテキストにして、希望する中高約四〇人の母親による正式の研修会が同年一一月に開かれた。ここでも「参加型」による学習効果が如実に現われた。アンケート結果からは、「ケータイについての知識が増えた」、「子どものケータイの悩みが減った」という多くの回答を得た。以下、自由記述回答から内容を整理して抜き出そう。

《班での「井戸端会議」について》

「同じ班のなかでいろんな話を聞いて、自分が不安に思っていた事が少し解消された。」

「それぞれの悩みを話し合えたことでとてもよい時間が過ごせました。ケータイを持たせていないお母様が一人いらしたので、ケータイの無い生活にも触れ、話し合うことができました。」

「すべては親子の信頼関係が大切であることを改めて感じました。参加してよかったです。」

《管理責任者として》

「管理責任は親にあるということを心掛けたいと感じました。」

「わが家は甘かったなと反省しました。買い与えた親として、きちんとチェックしたいと思いました。」

《『ハンドブック』について》

「高校生がここまで詳しく冷静に実態をつかんで分析したのは素晴らしいと思います。このような生徒たちがいれば、節度を持った使用がされていくのではないでしょうか。」

「親や先生からの目線でなく、高校生の目線で作られたハンドブックは分かりやすく大変よいと思います。」

「子どもと親のケータイに対する考え方の違いに気がつきました。」

今のメディア社会の一般的な傾向として、子ども時代にケータイを経験したことのない保護者は新メディアに当惑して尻込みしたり、メディアに強い年少世代に媚びへつらっているようなことが多い。言うまでもなく、それは誤った態度である。映画でもテレビ、パソコンでも新たなメディアが登場した当初には、旧世代はいつも拒否反応を示してきた。ここで新メディアそのものを問題にすること以上に重要なことは、人類にとって常に基本である人と人とのコミュニケーションのあり方を改めて考えることである。それだけに、新旧二つの世代が新メディアを素材にして相互学習することこそ意義深い。

そして、ケータイについて生徒や保護者が意識的に学習することは、ケータイに対して慎ましく賢明な態度を形成することができる、というのが私たちの取り組みから得た確かな結論である。二回の経験を通じてPTAはケータイ研修会の持ち方が分かったので、これからは中高の先生方を助言者として招き、PTA役員会が運営のすべてを担うことになった。特に、毎年入学してくる中学一年生の保護者を主たる対象にしようとの役員会の方針である。

「生徒中心」で進める教師の育ち

最初の二〇〇八年度は、どのような成果が得られるのか分からないままの手探り状態であったが、そんな教師側の危惧や不安にはお構いなく、プロジェクトを毎年のように牽引したのは生徒たちである。教師にとってプロジェクトから得られた最大の収穫は、生徒の自主活動が予想以上に結実した事実から示唆される、生徒の「潜在的意欲と能力」である。

もちろん、生徒有志の取り組みなので生徒全員の現実とは言えないけれども、学業成績とは無関係であるにもかかわらず、独自の調査研究活動を意欲的に展開して大部のレポートにまとめ、全国でも珍しい手作り『ハンドブック』を完成させたのは、どの教師も感心し、私も驚かされるほどのレベルの高い成果であった。そして、その「潜在的意欲と能力」は「規制主義」ではなく「自己規律主義」すなわち「生徒中心」の方針をとることによって発揮されたと思い至るのである。

学校は基本的には「教師中心」の文化から成り立つ。そうでないと既成の知識や技術を生徒に伝達できないからである。しかし、生徒の学習と発達が「教師中心」によって完全に実現するかというと決してそうではなくて、「生徒中心」の文化を織り込みながら、二つの文化が相乗作用を果たすことによってこそ達成しうると考えられる。とりわけ高校生という発達段階や、ほとんどの生徒が所持している私物としてのケータイについて検討する場合には、「生徒中心」文化をどう育てるかという観点が不可欠である。

最初の年の一年担任団の代表であり、その後もプロジェクトの運営に中心的に携わってきた社会科専攻で生徒支援担当の男性教師は、四年間を次のように振り返る。それは教師としての育ちの語りでもある。


教師は生徒を前にすると意識的・無意識的につい統制しがちになると改めて気付かされます。生徒の自主活動である「生徒会」でさえ、行事が多いので締切を守らせようとか、活動をある一定の方向にもっていかせようと、顧問教師はどこかで統制しているくらいです。

ところが、このプロジェクトの生徒有志はケータイ問題の関心を抱いて『ハンドブック』を制作することだけが共通目標です。グループの出入りも活動内容も自由で、部活のような上下関係もなく、こんな集団は学校内にはありません。最大限の自由と自主性が与えられていたことが、逆に生徒のエンパワーメントを実現させたのでしょうか。

私はあくまで助言役であり、主役は生徒です。これまでの指導経験や指導マニュアルにはない、その関係を摑むのに当初は正直言って苦労しました。プロジェクトの運営には決まったルールや枠組みはなく、先が見通せないので本当に不安でした。もちろん、有志生徒に揉め事が生じると調整したことや、心の病いに陥った生徒がいると気を遣ったりしたこともあります。

そんなふうに四年間見守るなかで教えられたことは、生徒をありのままに総合的に見つめることの大切さです。少しでもそういう視点を持ち得たことで助言役を円滑に運べたのかもしれません。授業やクラス担任の立場ですと、どうしても一定の評価のまなざしで見てしまい、生徒をありのままに総合的に把握しにくくなるのでしょう。

もう一つ体得したことは「待つ」ことの大切さです。生徒の動きがのろいと感じると、教師はつい自分でやってしまうところがあります。しかし、それでは「生徒中心」にはなりません。この四年間は注意したり叱ったりする「指導」がほとんどありませんでした。もちろん、それはすべてを「放任」してよいということではありません。端から「見守り」つつ、あせらずに、結果の如何を問わず、とにかく「待つ」という態度の重要性です。それには実に「忍耐」が要ります。極端に言えば、目標が達成されなくても仕方がないという「ゆとり」をもつことでしょうか。

これまでの教職では味わえなかった「見守り」「忍耐」「待つ」「ゆとり」を学んだのがこのプロジェクトです。

以上のように、生徒有志が単位や成績に関係ないのに嬉々として『ハンドブック』を制作するなかで、さまざまな育ちを遂げる。年少のメディア世代が習得した成果から、年長の保護者が新メディアとのつきあい方を学ぶ。そして、見守る教師も普段の教職生活で見落としているいくつかの姿勢が、実は教育にとって重要であることを知って思いがけない育ちを経験する。こうして、生徒が育ち、保護者が育ち、教師も育つという循環のなかに教師が豊かに育つ仕組みを見出すことができよう。

第5章　「評価の時代」にどう向き合うか

1　すべてが「評価」に収斂《れん》する時代

「評価の時代」

これまで教師の質とその向上について、また教師の育ちをめぐってさまざまな角度から検討してきた。残された問題として避けて通れないのが教師に対する「評価」である。質の向上にしても育ちにしても、常に評価を伴うからである。しかも、それは教師をどのような基準と方法で評価するかだけではなく、さまざまな問題や課題を抱える学校全体をどう評価するかということとも関わっている。

つまり、ゆとり教育中心から学力に重点を置いたカリキュラムへの移行をはじめ、全国学力テスト、学級規模の縮小、地域に開かれた学校づくり、（私学に対抗できるような）公立学校改革、公立学校選択制、学校統廃合、保護者からのクレーム、などのすべてが学校の評価と関係してくる。逆に言えば、評価を窓口にすれば、それらの問題や課題を捉え直し、それらに共通する特質を描き出すこともできるだろう。

とはいえ「評価」ということばを聞くと、否定的または肯定的なイメージのいずれで受け止めるにせよ、教師だけでなく保護者も咄嗟に身構えてしまうに違いない。他者の一方的な判断によって自分の値打ちが測られ序列づけされることで、周囲のまなざしが自分の存在を拘束するかのような圧力を感じてしまうからだろう。そして、それが果たして公平で客観的におこなわれた結果なのか、とつい疑ってしまうからでもあろう。

こうした反応が生じるのは、実は評価の捉え方が偏っていることに一つの大きな原因がある。それはこれまでにもたびたび指摘されてきたのに、評価に対する人々の歪んだ理解は依然として変わらない。評価されることへの反応が、きわめて感情的に流れやすいのである。

そこで、なによりも先ず大事なことは「評価」の意味や意義について冷静に検討することである。それをないがしろにしたまま単に感情的な反応に走るのでは議論は空転し泥沼に陥るだけだろう。その点については次項で詳しく説明することにして、ここでは現代が評価の時代に突入していることについて指摘しておきたい。

「評価の時代」とは、グローバル化が進み変動が激しい現代社会では、すべての活動が評価にかけられ、順位づけられる。しかも「ランキング」が広くマスメディアを通じて発表されて権威性を帯びるために、活動の目的が「評価」に収斂していくような傾向をもつ時代の性格を指している。

この評価の時代のなかで、学校教育も例外ではない。「学校評価」や「大学評価」そして「教員評価」といったことばを目にすることが多くなった。従来から慣れ親しんでいる児童・生徒・学生に対する評価ではなくて、かれらに教育を提供する側に対する評価が新たな課題として登場している。それはどうしてだろうか。

評価の時代の背景として三つの流れを指摘できる。それらは「質の向上」「市場主義」「競争主義」であり、三つが互いに重なり合いながら抗い難いほどの大きな流れとなっている。この流れはグローバル化する経済の原理が底流にあって、その原理が学校教育の領域にも浸透していると考えることができる。三つの流れそれぞれについて次に説明しよう。

三つの背景

(1)質の向上——学校教育の量的拡大から質的保証へ

産業が発展すると共に商品や各種サービスが多様化し増大していくなかで、「量」的拡大だけでなく「質」的向上が求められるようになる。学校教育も同様である。日本でも一九六〇年代から七〇年代にかけて高校や大学への進学率が急上昇し、学校は量的拡大を遂げた。八〇年代には全国で「教育荒廃」状況が広がるなかで、学校の質的充実が目指されるようになる。それは教育を提供する学校に対する評価を促し、問題点を指摘して学校改善を求める動きを加速していくことになる。

こうした動きに伴って教員評価も焦点化されていく。その動きが如実に現われたのが大学であった。これまで評価とはほとんど無縁であった大学は、国際化の波をまともに受けるなかで、その研究と教育が「品質」という視点から厳しく評価されるようになる。増加する大学研究者も専門職としての高い地位に安住してはおられなくなるほど、教員評価が急に大学評価の重要な一項目とされたのである。

(2)市場主義——教育サービスの需要者と供給者による学校市場化

少子化が進むなかで教育の質を求める動きは、教育をサービスと捉えて、学校を市場と見る立場が意識的にも無意識的にも強化されていく。第1章で「顧客としての子どもと保護者という『教育市場』」と述べたのがそれである。

子どもの数が多い時代は学校教育を行き渡らせることが先決であり、学校の都合が優先される傾向が強く、教育サービスは「売り手市場」となる。それが少子化になると、子どもや保護者のニーズに学校がどれだけ応えられるかという点から教育サービスの質が問われ、「買い手市場」化していく。顧客主義ないし消費者主義的な考え方が教育市場にも広がっていく。保護者から学校へのクレームや、また公立学校選択制が生じるのもそうした広がりの現われである。

公立学校選択制には、いじめや不登校、通学距離などに配慮して指定校の変更が認められる個別のケースもあるが、保護者が一般に学校を自由に選べるようになれば、学校が序列化されて学校間格差が固定されるし、地域との連携が希薄になるといった弊害が生じる。

つまり、学校を市場と見て、教育サービスの需要者と供給者との駆け引きのように捉える考え方には根本的な問題がある。なぜなら、市場では消費者の欲望が肥大化し、供給側もそれに即応しがちになるから、学校市場では教育は「個人のため」という性格が強くなる。そして、地域社会や国を支える将来の人材にとって必要な知識・技術をすべての青少年に等しく無償で教育するという「公共的性格」を失いがちになる。

「学校は、公の性質を有するものであって、……学校においては、教育の目標が達成されるよう、教育を受ける者の心身の発達に応じて、体系的な教育が組織的に行われなければならない。」(「教育基本法」第六条)とするなら、学校にも浸透してくる市場主義に対して、公教育が基本的に負っている公共性によってどれだけ歯止めをかけることができるかが、現代の教育にとって重要な課題となるのである。

(3)競争主義——客観的に測定できる学力・偏差値・進学実績が教育目標

「質の向上」と「市場主義」が合わさると必然的に生まれるのが「競争主義」である。もちろん、成長盛りの多くの青少年が集まり、勉学だけでなくさまざまな活動をおこなう学校では、青少年の間で個人間ないし集団間の競争が生じるのは自然の成り行きである。問題となるのは競争が学校の教育目標となることである。それを「競争主義」と名づけるなら、ごく自然な成り行きとしての「競争」と教育目標としての「競争主義」とは異なる。両者の違いを区別せずに混同すると、議論は錯綜し空転するだろう。

また、たとえ「競争主義」を教育目標ではなくて学校の取り組みを改革するための方便として捉えるにしても、市場主義の広がりのなかでは、それは方便からたやすく自己目的化してしまい、教育目標として一人歩きしてしまいやすい。

しかも「競争主義」は客観的に測定しやすく、参加する誰もが目指さざるをえなくなるような数値目標を伴う。消費市場で言えば商品の販売数や売上高、収益率あるいはコスト削減費に相当する。それが学校市場では学力テストや模擬試験成績で示される学力や偏差値あるいは進学実績などの客観的数値であり、それはすぐにランキングに取り込まれる。

テストで測れるもの／測れないもの

とりわけ、二〇〇七年度から四〇数年ぶりに始まった全国学力テスト（「全国学力・学習状況調査」）の地域別結果はランキング表となり、各自治体の評価を示す重要な指標の一つと判断されるのか、各首長の関心も高い。限られた学年を対象に二～三の限られた教科のテスト結果に過ぎず、学習状況の調査として授業改善に生かす資料としての役目を担っているにもかかわらず、あたかもすべての子どもたちの学力全体を表わすかのように捉えられてしまう。そこには客観的評価としての数値がもつ魔術があり、マスメディアが大きく報道するためにランキングが帯びる権威性がある。そしてテスト結果が低い場合には、その自治体の首長が学校改革や教員評価に発破をかけることにもなりやすい。

とはいえ、立ち止まって考えればすぐに気づくように、学力テストによって数値化された結果が学力のすべてを表わしているのではない。というのも、「学力」とは学校教育を通じて習得された能力のことであるが、学力はさまざまな側面から成り立っていて、多様な意味を含んでいるからである。学力テストがもつ多様な側面について、次のように問うてみればすぐに気づくはずである。

テストが測ろうとしている学力はどのような内容で、子どもにいかなる力をつけさせるためのものなのか。テストが測るのは学習の理解度を測るものか、それとも学習の意欲を促進するためのものか。テストは他の子どもとの相対的な成績比較なのか、またはその子どもに即した学習実態を絶対的に捉えるためのものか、あるいは学習目標がどこまで到達できているかを探るものか。学習の理解度や到達度を探るにはペーパーテストだけでなく、

表5-1　学力の六側面

主に子どもに属する側面	主に学校に属する側面
	①学校が目指す子どもの諸能力の内容と指導方法
②学ぶ意欲の強さ ③学び方の習得 ④習得した知識と思考力	
	⑤評価の具体的方法
⑥テストで測った成績	

子どもが書いた作文をはじめとする種々の記録や、日常の言動の観察、面接の様子、友人同士の互いの判断など多様な材料もあるが、それらは評価の対象にならないのか。テスト結果をめぐって教師と子どもの間でいかなるやりとりがおこなわれるのか。テスト結果を基にして、教師と子どももそれぞれがその後の授業や学習の目標を摑むことができているか。以上の問いを整理すると学力の六つの側面を整理することができる(表5-1)。

①学校が目指す子どもの諸能力の内容と指導方法、②興味・関心を含む学ぶ意欲の強さ、③知識を獲得する際の学び方の習得、④習得した知識とそれに基づく思考力、⑤習得した知識と思考力を評価する具体的方法、⑥習得した知識と思考力をペーパーテストで測った成績。

これら六側面を眺めると、学力の意味と捉え方をめぐる基本問題が以下のように浮かび上がってくる。

六つは主に学校側に属するもの(①・⑤)と主に子ども側に属するもの(②・③・④)、そして両者に属するもの(⑥)がある。つまり、学力は学校が子どもに求める側面と、子どもがそれに従いながら習得する側面とから成り立っているが、一般に議論されるのはもっぱら子どもに属する諸側面(特に④と⑥)で、学校側の諸側面(①と⑤)は改めて問い直されることはなく、ほとんど議論もされない。

①については、「学校」といっても小中高の全体を想定し、学習指導要領を念頭に置くような場合と、個々の学校や個々の教師が「諸能力の内容」を目の前の子どもの様子を踏まえてどのように考えるかという場合がある。たとえば大都市部の小学校と山村部の小学校で目指される能力の具体的な内容は実際には違っているはずであるが、通常の一般的な議論はすべての学校に共通する場合に集中し、通学する子どもとその保護者を除いた一般の人々は、個別の学校や教師の場合にほとんど関心を向けない。

学力の意味としては六側面を総合する広義に対して、一般には④を指す狭義と⑥を指す最狭義が流布しており、ほとんどの場合は最狭義⑥で使われている。

とはいえ、⑥は学力の表面に現われた結果を数値で示したものに過ぎず、その数字からは④をある程度推量できるにしても、一般の人々にとって①〜③そして⑤については何も分からない。にもかかわらず、人々の注目が⑥に集中するのは、「評価」に対する偏った理解が今もなおまかり通っているからであり、数字で簡単に把握しながら他との比較ができるという市場競争にふさわしい形式だからである。自治体の首長が着目しやすいのも最狭義⑥の平均値であり、①〜⑤を含めた広義の学力ではない。

広義の学力を把握するには、子ども一人ひとりに即した詳細な観察に基づく分析と学力向上に向けたさまざまな方策に目を向ける必要があり、それこそ個々の学校で各教師が向き合う重要な課題である。本当に学力向上を目指すのなら、⑥の結果に一喜一憂してもはじまらず、学力の六側面全体を総合する立場が不可欠である。

個々の子どもに向かい合う教師は、そうした広義の学力の観点から、毎日のように⑥の背後にある①〜⑤を探りながら子どもたちと触れ合い、かれらにはたらきかけているはずである。

とりわけ⑥テストで成績の低い子どもの場合は、基盤となる①〜④を検討するために教師は家庭とも連絡を取り合いながら、生活の立て直しや勉学習慣づけなどにも手を広げて苦心しているはずである。その苦心は、教師の資質・能力B〈指導の知識・技術〉〜F〈探究心〉を踏まえながらA〈問題解決技能〉をどう発揮するかに関わっている（表**2-1**）。

2 「評価」と「査定」

「評価」の目的と方法

ところで、小学校での教職経験をもつ宮川ひろが著した児童文学作品に『先生のつうしんぼ』がある。「給食のおかずは残さず食べよう」と子どもには指導しながら、にんじん嫌いの担任は、こっそり給食のにんじんを食べた振りをしてはちり紙のなかに吐き出してはポケットにしまってしまう。それを見ていた児童の一人は「先生のつうしんぼ」をつけ始める。

ドキっとするようなエピソードから始まるこの作品を読み進めていくうちに、「つうしんぼ」を介して展開していくのは、教師と子ども同士の触れ合いであることが分かってくる。評価とは教育の場の人間関係を緊密にするものか、それとも引き裂くものかという論点が思わず浮かび上がる。この論点をさらに一般化すると、いったい評価は何のためにおこなうのかという目的が問われてくる。先ほどの学力の六側面で言えば、「①学校が目指す子どもの諸能力の内容と指導方法」とは何かという課題に繋がっていく。

つまり、評価の目的は、その学年に共通する教育目標を念頭に置きながらも、教師がクラスの目の前の子ども一人ひとりをどう理解し、どのような力をつけさせたいかの判断から導き出されるもので、きわめて主観的な性質をもつ。主観的ということは、各子どもの教育目標の判断が教師と子どもや保護者との日頃の人間関係から導き出されることを意味している。それこそ『先生のつうしんぼ』のテーマである。

もちろん、子どもたちの学習実態そのものはあくまで公平・公正で客観的に把握する必要がある。ただし、その客観性が一人歩きして評価全体にとって客観性こそ不可欠といった主張に広がれば、それは評価の理解を歪めることになる。主観的な要素も含む評価「目的」と、客観性が要請される評価「方法」とを混同すべきではない。評価とはあくまで人間を理解し、その成長発達を図るための手段でしかないにもかかわらず、競争主義の教育市場では数値化された評価で勝つことが自己目的化し、手段と目的の倒錯が生じやすい。

仮に成績競争で勝ったとしても人間全体の成長発達に歪みが生じ、入学した高校や大学で不適応に陥ったり、就職した企業などで心身を病んだりすることになる例は珍しくない。私が大学でこれまで指導した学生のなかにも、大学で深刻な不登校状態になったケースが二〜三あった。専門家の助言も仰ぎながら、それぞれ時間をかけて様子を見守るうちに共通点として浮かび上がったのは、入試合格の優秀な成績を得るまでの過程で人間発達上の歪みを伴っていたことである。短期間に目先の評価を上げようとしたことが、長期間ではその人の評価が下がるような皮肉な結果を生む場合がある。

そこで、手段としての評価とは学習者の状況を知り、学習目標を立てて達成具合を検討し、学習上の改善点を明らかにし、新たな次の学習目標を立てていく一連の過程であること、そしてその過程では、テストだけでなく作文や観察などのさまざまな情報を用いて多様な評価方法が柔軟に使い分けられていく総合的な活動であること、を改めて確認したい。評価の目的とは、以上の手段を踏まえながら学習者の成長発達をもたらすことである。

ところが、こうした総合的な評価に対する多くの人々の理解はごく表面的で部分的に止まり、数値化された評価を教育市場での競争基準にすることによって、手段を自己目的化

表5-2　評価と査定

	評　価	査　定
主　体	他者(管理者・同僚・第三者)，自分	他者（管理者・監査者）
客体との関係	双方向的関係	一方向的関係
時　間	過去から現在の時点までの変化を分析・考察し，先の目標を立てる	現在ないし一定時点
測定資料	量的(数値化)，質的(非数値化)資料	量的（数値化）資料
測定方法	客観的テスト，記録・製作物・観察・面談などによる客体の内面的了解	テスト・書類審査・実地検査による客観的点検

してはいないだろうか。それは子どもの成長発達にとって、また学校教育にとってたいへん不幸なことではないか。

「評価」は「査定」とは違う

その不幸を打破するために、教育市場の競争基準になりやすい数値化された評価は「評価」(evaluation)ではなく「査定」(appraisal, assessment)と別に呼ぶことを提案したい。つまり、本来は違うものなのに多くの人々は「査定」を「評価」であるかのように歪んで捉えている。「評価の時代」も厳密に言えば市場競争を支える「査定の時代」と表現した方が適切である。では「評価」と「査定」はどう違うのか。次のように極端な形で整理してみると、両者の相違性が明らかになる(表**5-2**)。

まず、評価ないし査定をおこなう主体が異なる。査定を実施するのは管理や監査の役割を担う人に限られ、査定者が一方的に判定する。評価の場合は管理者だけでなく、同僚、同輩、あるいは組織外の第三者と多様であり、被評価者である自分も評価主体になるところに特徴がある。自己評価結果を材料にして他者による評価がおこなわれることもある。評価を通じて評価者自身も啓発されるという意味で、評価者と被評価者との関係は双方向的である。「はじめに」で語った里山担任が「教えられ育てられ」と述べたのもそれである。

そして、時間経過を勘案するかどうかも重要である。査定は現在ないし一定時期の状態を静態的に捉えるのに対して、評価は過去の時点から現在の時点までの変化を分析し、目標達成の度合いを考察し、先の時点の新たな目標を立てる動態的な過程を言う。この過程が特に強調されると到達度評価や形成的評価などと言われる。したがって、現状をチェックするテストをおこなって成績を出し、ランク付けをして終わりというのは査定であって、評価ではない。

さらに、測定対象の資料と測定方法も異なる。査定ではテストや各種書類、実地検査結果を客観的に点検する。それに対して、評価ではテストも含めて客観的な資料も用いるけれども、それ以外に被評価者による作文や研究ノートなどの記録をはじめ、絵画や書、工作などの製作物、評価者による観察や面談を通じて被評価者の内面も了解しながら、被評価者の時間経過による変化をたどり、主観的な考察も踏まえて評価者が総合的に判断して次の目標を被評価者と共に設定する。

「評価」ということばを聞くだけで感情的に反発したり逆にのめり込んだりする傾向が教師や保護者に見られるけれども、学校教育領域にも否が応でも浸透する市場競争主義に歯止めをかけるためには、単に反発したりのめり込むのではなく、切り返しの発想が必要である。

つまり、多くの人が反発したりのめり込んだりしている「評価」は実は「査定」のことで、本来の「評価」とは違うこと。個々の子どもや教師の育ちを見定めるには「評価」が有効な手掛かりになりうること。総合的な「評価」をおこなうことが、表面的で部分的で数値全盛の「査定」に支えられる市場競争主義への対抗策となりうること、などを理解すべきである。

したがって、一人ひとりの子どもが豊かに育つように学校教育を改善するには、十分な

「評価」が求められているにもかかわらず、形式的な「査定」がまかり通って、しかもそれが堂々と「評価」と呼ばれている現状が誤りであることに気づかねばならない。

具体的な例として、査定によって業績目標の達成度合いを点検することについて考えてみよう。学校教育の査定ではいかなる目標設定を対象にするだろうか。たとえば、全国学力テスト成績の平均値を上げる、不登校者を減らす、いじめ件数を減らす、部活の競技大会の成績を上げる、大学進学率を上げる、有名大学への進学者数を増やす、就職率を上げる、など。それらは数値によって毎年の達成率を表記することが可能である。しかし、個々の子どもたちに個々の教師がいかにはたらきかけ、いかなる変化が生じたかの評価ではなく、学校全体の総計結果を数字で簡単に示したものである。

それでは、学校の業績目標達成は教師の資質・能力の六層（表2-1）のうちA（問題解決技能）とはいかなる関係にあるだろうか。一般には査定の目標は学校全体として事前に計画でき、しかも他校や他地域と比較して学校の評判を上げるべきだとして設定されているような諸事項である。

それに対して、資質・能力Aの場合は、他校や他地域と比較するために学校全体として事前に計画したものではなく、クラスで急に解決を求められるような学級崩壊やいじめ、不登校などの諸問題などが生じたときに「個別的状況対応」できるかどうかの技能を指しており、その解決達成度合いは簡単に数値化できるものではない。

3　評価で育つ教師

教員の査定と評価

たしかに、最近になって教員評価が声高に叫ばれて各地域で制度化が進んでいるが、それは一九八〇年代の「教育荒廃」に対する「教師バッシング」とは別の流れが合流したものと言えよう。つまり人事院が先導した国レベルの公務員制度改革に沿った各自治体での公務員改革の流れである。

簡単に言えば、公務員の年齢に応じた昇進と昇給という伝統的な人事評価から、能力・業績主義に立脚して仕事の成果に応じた新たな人事処遇体系への転換である。つまり、意欲的に高い業績を上げた者には昇進・昇給で応え、意欲があまり見られず乏しい成果しか上げられないものは研修あるいは降格や配置換え、減給、免職などで応じて、業績結果を処遇に反映させる人事評価方式である。

教育公務員についても、二〇〇〇年度に東京都が「教育職員人事考課制度」を導入してから全国的に新たな人事評価が試行され、多くの地方自治体で制度化が実施されている。ただし、公務員一般の方式を教員にもそのまま当てはめようとすれば無理が生じることに注意したい。学校の場合は、役所と比べて主に組織・業績・報酬・査定の面で違いがあるからである。どんな違いかをそれぞれ説明しよう。

組織面で言えば、役所は企業と同じように職階が積み上がるピラミッド型の方が指揮命令系統を統制できるが、学校組織の場合はピラミッド型のように校長の指揮命令が貫徹するような形態では、各教員は活動しにくくなる。第1章で英国の教員ストレス調査結果を紹介したように、子どもたちと触れ合う教室活動は担任の自主性を活かしてこそ豊かになるし、学校組織が柔軟になってこそ協働性が生まれ、教師の専門性を発揮できるからである。したがって大規模組織に見られるような堅固で上下関係の職階制は不適合であり、小規模な各学校組織の柔軟な協業体制を校長と教頭、教務主任、学年主任などがマネジメントする方が各学校の特色を創造しやすい。

業績面で言えば、役所での業績は年間予算立案とそれに基づく各種事業の執行、マニュアルに沿った住民サービスの実施などに関するもので、それは数値目標で示しやすいし、成果も数値で査定しやすい。これに対して学校の業績は、先ほど挙げた全国学力テスト成績の平均値を上げる、不登校者を減らす、いじめ件数を減らすなどについては数値目標とはなるが、個々の教師の業績は個々の子どもたちの成長発達をどれだけ達成できたかに関わっており、数値化できる面とできない面とがある。

報酬面で言えば、役所の職階制に基づく昇任と昇給による方式に倣い、教員の場合も最近「副校長」や「主幹教諭」といった職位を増やす措置が取られている。とはいえ、学校はもともとピラミッド型に馴染まない組織であるから、職階は多く区分されてはおらず、昇任とそれに見合うような昇給が役所の場合ほど大きな報酬となるわけではない。

つまり、昇任や昇給を「外的報酬」と呼ぶならば、教員にとって最も意味があるのは、優秀教員表彰という制度も含めた外的報酬ではなくて、子どもたち一人ひとりの心を動かし、かれらが学んだことを知ったときの満足感という「内的報酬」である。商品の販売員でも昇給や昇任という外的報酬の他に「お客様に購入品を喜んでもらえた」という内的報酬が付随する。こうした内的報酬については多くの被雇用的職業のなかで教員ほど典型的に現われる仕事も他にないであろう。ところが学校が多忙化するほど内的報酬が得られにくくなるのが教員にとっての本当の報酬問題なのである。

にもかかわらず、公務員改革では外的報酬の観点しか眼中になく、教員の内的報酬には目を向けないから、教員評価が空回りすることになる。

査定面で言えば、職階、業績、報酬いずれの面からしても公務員一般では査定が可能だとしても、教員の場合は査定は見合わないし困難である。では教員評価はどうあるべきなのか。それは「査定」ではなく本来の「評価」を目指すべきだというのが私の考えである。それは表**5-2**の内容に沿った教員「評価」をおこなうことである。

もちろん、最近の新しい教員評価制度では単なる「査定」に止まらずに、職務遂行能力を向上させるために、将来にわたって援助するという形成的「評価」の側面を打ち出そうとはしている。たとえば、校長が各教員と話し合いながら目標を設定したり、教員自身の自己評価を織り込んだり、というように。とはいえ、公務員改革の大きな流れに沿って評価しようとすれば、実際には「査定」の性質を払拭することはできないだろう。

育ちの評価に向けて

それでは、本来の教員評価は具体的にどのように構想できるかを次に示したい。教員の査定ではなくて教師の育ちの評価を成立させるための主な要件を改めてまとめよう。第一に時間経過による成長発達の分析、第二に自己評価・相互評価・外部評価の重要性、第三に協業体制による成果の確認である。これら三要件について以下に説明する。

（１）成長発達について。ある時点での勤務成績の査定ではなく、一定の教職目標に向けて時間的経過後の変化に着目し、変化の諸相を成長発達の過程として多角的に分析するのが評価である。目標がどの程度達成できたかだけでなく、何が有効にはたらき、何が達成を阻害したのか、目標設定が適切であったか、どのような課題が残され、何が次の目標になるか、などの検討が教師の育ちだけでなく、学校運営にとっても有益な知見をもたらすだろう。

（２）自己評価・相互評価・外部評価について。これら三つの評価形態は、第３章３節の現職研修のうち「校内研修」としての公開授業の研究討議過程そのものとちょうど重なる。提案授業後に授業者が自己評価し、授業を参観した同僚が感想と意見を述べて相互評価し、学校外の助言者が外部評価する過程は、一つの立場からの評価を超える広がりと奥深さを提供する。

しかも、授業者にとっての評価になるだけでなく、同僚も外部助言者も啓発を受けるという双方向的な評価形態にほかならない。伝統的な授業研究という世界的にユニークな日本の現職研修は、それ自体に評価原理を内包していることがもっと認識されてよい。「教員に対してもっと評価を」との外部圧力に対して、「日常的に評価に励んできたのは教員だ」という切り返しの主張ができるからである。なお外部評価については、最近では学校評価として強く要請されているので最後に触れたい。

(3)協業について。公務員制度改革では能力・業績に応じた昇任・昇給の人事処遇がねらいであるから、査定対象は当然ながら個人になる。それゆえ教員評価の場合も個人を対象にするのが自明とされている。しかし、教職が「協業」の性格をもつとすれば、教員集団全体が評価対象になるべきだろう。これまで「荒れた学校」が再生を果たした多くのケースに典型的に見られるように、教員すべてが協働して問題に立ち向かったことで成果を上げたような場合には教員評価はどうなるのか、ということである。

逆に言えば、個人を査定することで教員集団の協働性が弱くならないとも限らない。『先生のつうしんぼ』から浮かび上がる論点「評価とは教育の場の人間関係を緊密にするものか、それとも引き裂くものか」に関連して言えば、教員の資質・能力を高めるための評価が個人の査定になってしまえば、教員間連携が断ち切られるかもしれず、そうなると学校教育の質を低めるという皮肉な結果にならないとも限らない。

以上三つの側面からの検討を踏まえながら、評価のあるべき姿について改めて一言でまとめよう。それは、教員自身と校長、教育委員会、そして保護者や地域の人びとが、教員個人の人事「査定」ではなく、教師の協働的な成長発達の「評価」を目指すということである。そして、そうした評価活動のなかでこそ教師の専門性発達が実現するだろう。さらに言えば、教員評価の目標は子どもと保護者の成長発達をもたらし、同時に教師の成長発達を促すような学校環境をいかに創造するかという課題でもある。換言するなら、子どもが育ち、保護者が育ち、教師も育つ学校づくりという目標である。

協業の面から言えば、教員評価は学校評価に結び付くので、学校評価としての学校づくりについて触れておきたい。

学校評価と学校づくり

公立学校では毎年のように人事異動で教員が入れ代わり、校長や教頭も二～三年ごとに交代する。毎年のように新しい子どもとその保護者が学校組織に入ってくる。そのうえ地域の変化も大きいので、以前には無かったような種々の問題を抱え込みながら、子どもや保護者のニーズに応えて学校としてのまとまりをつけていくことが求められる。他方、教育市場の競争主義や顧客主義に引きずられないように、学校の公共的性格を維持するという重要な課題がある。

こうして、各地域における各学校の教育目標、子ども理解、内包する教育問題の解決、そして子ども・教員・保護者という学校組織構成員の連帯性の確立などを総合する「学校づくり」は、どの学校にも不断に求められる日常的な活動の積み重ねにほかならない。

こうした学校づくりに向けて、学校が独りよがりに陥らないように、また学校外からの支援を得るように、学校安全に配慮しながら学校を外に開くことは今日では当然のことと見なされるようになった。「学校評議員」をはじめ「学校運営協議会」といった、外部の者が学校に意見を述べるという学校評価に関わる新たな機会も制度化された。注意すべきは、そこでの議論も教員評価と同じく、学校「査定」ではなく、学校「評価」による学校づくりを地域全体で目指すべきだということである。

具体的な一つの問題例を挙げておこう。一九八〇年代から学校での「いじめ」が深刻な社会問題として大きな論議を呼ぶようになり、いじめの解決は今や国をあげての喫緊の教育課題となっている。文科省は毎年のように各学校からの報告に基づいて「いじめ認知件数」の統計調査をおこなっているが、それは全国の実態把握という目的以外に、各学校がいじめの早期発見と早期解決に取り組む契機ともなればという意図も込められているのだろう。

しかし、学校現場ではこのいじめ調査は学校評価（査定）の一環として捉えてしまいやすい。なぜなら、子どものありのままの状況をしっかりと認識することよりも、「学校にはいじめがあってはならない」という暗黙の価値判断が先行しがちだからである。「いじめの根絶」などという激しい表現のスローガンも価値判断をいっそう先行させる作用を及ぼす。いじめ認知件数が少なければ「いい学校」、多ければ「わるい学校」と咄嗟にイメージするような発想法に支配されると、肝心の子どもの実態を見ないで「いじめは無い」と速断しがちとなる。それが学校の隠蔽体質と呼ばれることにもなる。

もともと小学校高学年から中学生にかけての発達段階では、自分という意識が芽生えながらも同輩のなかで自分がどう位置づくのかがまだ分からずに不安であるうえに、対人関係や集団の基本ルールも身についていないから、英米をはじめ世界各国のこの年齢段階の子どもたちに共通して日常的に見られる現象がいじめである。

もともと子どもには家族と学校そして地域の仲間という三つの所属集団がある。これまでいじめがつきものだった地域仲間の異年齢タテ型集団では出入り自由であり、仲間を統率し保護もするがき大将のような存在があったので、いじめもそのうち消えてしまうことが多かった。それに対して、学校の同年齢ヨコ型集団では自由に出入りできず、采配を振るう年長の強力なリーダーもいないので、学校でのいじめは周囲からストップをかけられないとエスカレートする危険性が大きい。

仲間集団が弱体化した現代では子どもは学校世界に閉じ込められがちである。しかも進学競争に巻き込まれると、家族の関心も勉強に向かい、塾通いや家庭教師に時間が割かれるなかで家庭も「疑似学校化」してしまうから、本来は子どもを取り巻く異質で多様な環境が学校に一元化されがちになる。第１章２節で長い教職経験をもつ女性教師が子どもの世代変化について「(今の)子どもの世界が息苦しい雰囲気に包まれている」と語った背景には、そうした子どもを取り巻く大きな環境変化が横たわっているだろう。そうした背景のもとでは、学校で子どもたちが受けるいじめ被害は深刻化しがちである。

それだけに学校でいじめが無いことが評価されるのではなく、いじめを早く見つけて克服する教育を実践することが評価対象とされるべきなのに、「学校にいじめはあってはならない」という暗黙の価値判断を先行させる発想法からすべての教員たちが自由になることが難しい状況にある。

そうした難しい状況を打破するためにも、いじめ克服に向けた評価活動はどのように展開できるだろうか。いじめ認知件数だけでなく、いじめ防止委員会設置の有無やいじめ対策マニュアルの有無なども調査されることがあるが、そうした調査はいじめに関して学校を「査定」する資料に止まりやすい。

いじめ問題が生じてから慌てふためいて事後対策をするのではなく、「評価」と言う場合には目標と達成方法が学校ごとに確立され、それが子どもと教員そして保護者という学校の全構成員に共有されているかが問われる。そして取り組みが一定期間経過した後に、目標達成がどの程度実現したかを全構成員で多角的に検討するのが「評価」にほかならない。具体的には次のような検討事項が挙げられる。

いじめを解決するための全校基本方針が各学校で明文化されているか。いじめの捉え方をはじめとして、いじめ問題を克服する課題が明確な目標として設定されているか。いじめ防止の取り組み方法が具体化されているか。それでもいじめが生じたときの対応手順は決められているか。毎年度初めに新入生と新任・転入の教員そして新保護者を含む全構成員でその方針が確認され共有化されているか。ケータイ・ネットいじめが広がる現代では教員一人がいじめに気づくことはいっそう難しいだけに、教員集団の連携がなされているか。保護者との連携はどうか。子どもや保護者からいじめを教師に知らせやすい雰囲気が日頃から作られているか。知らせや相談を受けた場合に学校はすぐさま対応する体制ができているか。その体制を教員すべてが理解して共有しているか、など。

ところが、全校基本方針も立てられておらず、日頃のいじめ防止の雰囲気づくりもなく、いじめに関する校内の情報交換もいいかげんで、いじめ事件の後になってから慌てて形式的な全校アンケートを実施するような事態を繰り返すようではいじめ問題の解決は程遠い。

そうした事態に陥らないようにするのが、いじめをめぐる学校評価の総合的な取り組みであり、それは個別のいじめ問題を踏まえながらも「学校づくり」全体へと及んでいく内容をはらんでいる。制度化されている学校評議員や学校運営協議会についても、いじめ問題に関してある時点での断片的な学校「査定」で済ますのではなく、「学校づくり」に繋がるような学校「評価」に努めているかどうかが問われるのである。

さて、ある小学校の教頭（男）が、外部からの訪問者との会話のなかで普通なら口にすることのない指導力不足教員に関わる見解をオープンな態度で語った。それは厳しい自己学校評価であり、難しい教員問題を抱えながらも保護者と共に前向きに学校づくりに取り組む力強い姿勢の表明である。第3章4節で、指導力不足教員を協力校として受け入れた小学校長の姿勢も、おそらくこの語りと共通するだろう。

指導力不足教員の認定にまで至らなくても、担任を任せるのはどうかと心配されるような教員は本校にもいます。厳しく見れば、おそらくどの学校にも一～二人はいるのではないでしょうか。重要なことはとにかく「隠さない」ことです。同僚教員にも同じ職場の問題として提起して皆で解決できるように体制を作っていますし、管理職としても当人に声かけをするようにしています。保護者にも状況を伝えてサポートしてもらっています。今は少し改善されてきました。保護者も「あの先生は最近がんばっているね」と言ってくれたりします。

もしかすると、その先生はこれまで注意されることがなかったのかもしれません。まじめすぎて、対人関係が不器用で一人で抱え込み、悩みなどを周囲に打ち明けることがなく、自分の殻に閉じ籠りがちだったのでしょう。学校は集団で成り立つ場ですから、教員組織のなかに潜む垣根を取っ払えば、必ずや底力を発揮します。教員が何でも言い合えるような開かれた職場づくりが大切です。

あとがき

私が一九七四(昭和四九)年に大学に職を得て最初に携わったのは、教員養成の仕事であった。大学キャンパス内で若い学生たちに向き合うのと並行して、学外でさまざまな学校を訪問し、教師たちと話し合う機会が増えていくうちに強く感じることがあった。

それは、児童生徒の学ぶ立場から見た学校には子ども時代から馴染んでいるのに、教える教師の立場から見た学校の詳細な実態についてはほとんど知らないということである。本や調査資料、雑誌、新聞、テレビを通じて学校教育に関する情報は得ているとはいえ、それらと各学校を訪問して実際に見聞きすることとの間にかなりの隔たりがあると痛感するようになった。そこで、私はキャンパスの外で多くの時間を過ごすことを自分に課し、地域の学校や教育センターなどをこまめに歩くことを私の研究スタイルとした。

学校や教師の多様で奥の深い現実を知ると、多くの人は、そうした事実を知らないまま議論したり評論したりしてしまっている、ということに気づく。そうした風潮に抗して、学校や教師のありのままの姿を詳細に理解することこそ、現代の学校が直面する種々の教育問題の解決に向けたスタートラインであり、ひいては子どもたちのためになることだと考える。

さて、戦後の新しい教員養成制度の基本前提を覆すような教員免許更新制の導入を半年余り後に控えた二〇〇八（平成二〇）年の夏、導入の是非をめぐって全国で大きな議論が沸き起るなか、免許更新講習の準備段階として予備講習が各地でおこなわれた。私は依頼されて一つの講習に参加し、「教育の最新事情」に関する一日六時間の集中講義を担当した。予備講習は無料で本講習が免除されることもあって、その講習には多数の参加希望があったが、受講者は抽選で選ばれて人数が絞られた。初めての免許更新講習ということで会場にはやや緊張した雰囲気が流れた。所属学校を異にする現職教師たちが出会うせっかくの機会を大切にしたいと考え、私は講義の後半で班に分かれてのグループ討議の時間を設けた。討議が盛り上がると会場の雰囲気も和らいでいった。

それにしても、制度設計が不十分な免許更新制度と、実施希望大学などにまるごと委託される免許更新講習について私は数々の疑問を抱いた。そこで早速それらを検討して『教員免許更新制を問う』(岩波ブックレット)にまとめ、制度が正式にスタートした二〇〇九(平成二一)年四月に刊行した。ただ、小冊子なので書き切れずに言いたいことがたくさん残った。更新制や更新講習の論議もさることながら、教師の資質・能力をどう捉えるのか、それはいかにして向上するのかという本質的な課題をもっと論じたいと思ったのである。

ちょうど同じ時期に、私は「学校の臨床社会学」を体系化する仕事を仕上げるために、東海地域でいくつかの小中高の学校訪問を繰り返しては諸資料を集めていた。免許更新制度がスタートして五か月後に政権交代を遂げた民主党は同制度を廃止するとの意向をいち早く発表したために、国の教員政策は混乱していると学校関係者には映った。そこで私は学校訪問のたびに、免許更新制の是非と教師の資質・能力向上に関する質問を投げかけて教師のさまざまな「声」を聴いた。さらに二〇一〇年から二〇一一年にかけて退職校長を対象にインタビュー調査を集中しておこなった。

本書は、教師の資質・能力を考えるために整理した枠組みに沿って、教師たちのさまざまな「声」を取り上げながら私なりに論じたもので、『学校臨床社会学』(新曜社、二〇一二年）と並行して書き進めたものである。

二〇一〇（平成二二）年六月に「教職生活の全体を通じた教員の資質能力の総合的な向上方策について」の諮問を受けた中教審は「教員の資質能力向上特別部会」で二年余り審議を続け、それに基づいて中教審は二〇一二（平成二四）年八月に最終答申を提出した。

その答申の大部分の頁では、教員養成六年制案（学部卒は「基礎免許状」とし、修士修了を「一般免許状」とする）や実践分野ごとの上級免許創設案（「専門免許状」）、教職大学院の拡充策などが述べられている。諮問のテーマは「教職生活の全体を通じた……」と「総合的」なものであるにもかかわらず、依然として教員養成や教員免許という教師教育過程の初期ステージの制度改革面に焦点を合わせたために、免許更新制度の改廃は先送りされるなど、教員政策全体の混乱を克服する内容にまでは至らなかった。

しかも、教員問題の出発点となった指導力不足教員については「（指導改善研修を）各教育委員会において適切に運用」と簡単に触れただけである。たしかに実務的にはそうなるにしても、資質・能力を考えるうえで指導力不足は見落とせない問題であり、その原因や予防などについて本格的に検討することも審議に含まれていたはずである。そのうえ、政権をめぐる政治情勢が流動的になるなかで、免許更新制の廃止に関する議論もいつのまにか立ち消えになってしまった。

以上のように、すっきりしないまま免許更新講習だけは続いていくという中途半端な状態に陥っただけに、今ほど教師の「質」や「育ち」について根本から再検討すべき時期は無い、と痛感させられる。

教師教育に関する私の基本的な考え方は『変動社会の教師教育』（名古屋大学出版会、一九九六年）ですでに示した通りである。ただ、それは海外の研究動向も視野に入れながら、教師教育を生涯学習の枠組みで理論的に検討するという性格が強かったので、日本の学校現場に根ざした教師の「声」を踏まえて教師教育を具体的に論じる作業は宿題として残された。一五年も経てからようやくまとめた本書によって、当時の宿題を少しは果たすことができたのではないかというのが書き終えての率直な感想である。

発達心理学者である柏木惠子氏による『子どもが育つ条件』（岩波新書、二〇〇八年）という一冊がある。「親は子どもをどう育てるべきか」という通常の観点ではなくて、人間の全生涯を対象とする新しい発達心理学を踏まえながら、「子どもを育てる営みのなかで、育てる者である親自身のこころや能力が鍛えられ、成長する」という見解に立っている。

教師の生涯発達に関心を寄せてきた私はその見解を共有する。子どもを指導する教師は教職活動を通じて成長発達する。その筋道を解明するために、教師としての資質・能力の仕組みと学校組織をはじめとするさまざまな環境との関係に焦点を合わせながら「教師が育つ条件」を発達社会学的に検討したいというのが本書のねらいである。


この数年間、率直に「声」を聴かせていただいた東海地域の小中高の多くの先生方に心からの謝意を表したい。すべての貴重な「声」を本書に収めることができなかったことをお詫びするとともに、実にたくさんましく教職活動にいそしむ(いそしんだ)姿からは、学校教育を研究する者としてどれだけ啓発され、力づけられたかしれない。なかでも、服部晃、白山真澄、宮之原弘、畑地晃の四氏からは何年間にもわたってその折々にじっくりと体験に基づく貴重な「声」をうかがい、実に多くのことを学ぶことができた。

また、現職教育の実態に関する調査では、全国各地の教育センターにたいへんお世話になった。特に岐阜県総合教育センターが数々の便宜を図っていただいたおかげで、平成一九〜二〇年度科学研究費補助金(基盤研究(C))による全国調査を円滑に運ぶことができた。合わせて感謝したい。

そして、免許更新制を取り巻く不安定な政策状況を念頭に置き、教師教育や教員評価のあり方をめぐって収拾がつかないほど広がる一方の私の構想にじっくりとつきあって、たえず厳しい意見を返しながら本づくりを着実に進めてもらったのは新書編集部の田中宏幸さんである。田中さんが雑誌『世界』編集部に異動した後を引き継いだ新書編集部の山川良子さんは、いつも和やかな応対のなかで原稿の細部に至るまで多くの的確な指摘をして本書を完成に導いてくださった。お二人の力添えに厚くお礼申し上げたい。

なお、保護者の(保護者であった)立場から最初の草稿すべてに目を通して、さまざまなコメントをしてくれた妻とし子にも助けられた。ありがとう。

二〇一二年一〇月

今津孝次郎

参考文献

本文中で参考にした主な文献について，和文(邦訳を含む)と英文に分けて各執筆者(または編者)名のアルファベット順に並べた．

グッドソン，I. F.『教師のライフヒストリー——「実践」から「生活」の研究へ』藤井泰・山田浩之(編訳)，晃洋書房，2001年

波多野久夫・青木薫(編)『育つ教師』〔講座　学校学5〕第一法規出版，1988年

服部晃・今津孝次郎「『指導力不足教員』の現職教育——全国教育センター調査を中心に」『名古屋大学大学院教育発達科学研究科紀要(教育科学)』第54巻第2号，2008年3月

市川須美子・浦野東洋一・小野田正利・窪田眞二・中嶋哲彦・成嶋隆(編)『教育小六法』(平成24年版)学陽書房，2012年

今津孝次郎『変動社会の教師教育』名古屋大学出版会，1996年

今津孝次郎「学校の協働文化——日本と欧米の比較」藤田英典・志水宏吉(編)『変動社会のなかの教育・知識・権力』新曜社，2000年

今津孝次郎『増補　いじめ問題の発生・展開と今後の課題——25年を総括する』黎明書房，2007年

今津孝次郎『教員免許更新制を問う』(岩波ブックレット)岩波書店，2009年

今津孝次郎『学校臨床社会学——教育問題の解明と解決のために』(ワードマップシリーズ)新曜社，2012年

門田光司『学校ソーシャルワーク入門』中央法規出版，2002 年
梶田叡一『教育評価』第 2 版補訂 2 版，有斐閣，2010 年
カミングス，W.K.『ニッポンの学校——観察してわかった優秀性』友田泰正訳，サイマル出版会，1981 年
喜多明人・三浦孝啓(編)『「免許更新制」では教師は育たない——教師教育改革への提言』岩波書店，2010 年
小林司『出会いについて——精神科医のノートから』日本放送出版協会，1983 年
宮川ひろ『先生のつうしんぼ』偕成社，1976 年(偕成社文庫，1984 年)
日本教師教育学会(編)「〈特集〉教師教育の総括と 21 世紀の教師教育を展望する——教師の資質能力を問う」『日本教師教育学会年報』第 10 号，学事出版，2001 年
小島弘道(編著)『若い教師とベテラン教師の間——教育指導力の基礎をつくる』〔シリーズ　教育の間 2〕ぎょうせい，1990 年
佐藤学『学校を改革する——学びの共同体の構想と実践』(岩波ブックレット)岩波書店，2012 年
嶋﨑政男『学校崩壊と理不尽クレーム』集英社新書，2008 年
米川和雄『学校コーチング入門』ナカニシヤ出版，2009 年
Bridges, E.M., *The Incompetent Teacher: Managerial Responses,* A revised and Extended Edition, The Falmer Press, 1992 (First Edition 1986)
Hustler, D. and McIntyre, D. (eds.), *Developing Competent Teachers: Approaches to Professional Competence in Teacher Education*, David Fulton Publishers,

1996

Lortie, D. C., *Schoolteacher: A Sociological Study*, The Universty of Chicago Press, 1975

Troman, G. and Woods, P., *Primary Teachers' Stress*, RoutledgeFalmer, 2001

Wragg, E. C., Haynes, G. S., Wragg, C. M. and Chamberlin, R. P., *Failing Teachers?*, Routledge, 2000

今津孝次郎

1946年，徳島県生まれ
京都大学教育学部卒業，京都大学大学院教育学研究科博士課程満期退学，博士(教育学，名古屋大学)
三重大学教育学部助教授，名古屋大学教育学部助教授，名古屋大学大学院教育発達科学研究科教授，名古屋大学教育学部附属中・高等学校長を歴任
現在－名古屋大学名誉教授
専攻－教育社会学，学校臨床社会学，発達社会学
著書－『新版 生涯教育の窓』(第一法規出版)，『変動社会の教師教育』(名古屋大学出版会)，『増補 いじめ問題の発生・展開と今後の課題』(黎明書房)，『人生時間割の社会学』(世界思想社)，『教員免許更新制を問う』(岩波ブックレット)，『学校臨床社会学』(新曜社)，『教育言説をどう読むか(正・続)』(共編著，新曜社)など

教師が育つ条件　　岩波新書(新赤版)1395

2012年11月20日　第1刷発行

著　者　今津孝次郎《いまづこうじろう》

発行者　山口昭男

発行所　株式会社 岩波書店
〒101-8002 東京都千代田区一ツ橋2-5-5
案内 03-5210-4000　販売部 03-5210-4111
http://www.iwanami.co.jp/

新書編集部 03-5210-4054
http://www.iwanamishinsho.com/

印刷製本・法令印刷　カバー・半七印刷

ISBN 978-4-00-431395-3　　Printed in Japan

岩波新書新赤版一〇〇〇点に際して

ひとつの時代が終わったと言われて久しい。だが、その先にいかなる時代を展望するのか、私たちはその輪郭すら描きえていない。二〇世紀から持ち越した課題の多くは、未だ解決の緒を見つけることのできないままであり、二一世紀が新たに招きよせた問題も少なくない。グローバル資本主義の浸透、憎悪の連鎖、暴力の応酬——世界は混沌として深い不安の只中にある。

現代社会においては変化が常態となり、速さと新しさに絶対的な価値が与えられた。消費社会の深化と情報技術の革命は、種々の境界を無くし、人々の生活やコミュニケーションの様式を根底から変容させてきた。ライフスタイルは多様化し、一面では個人の生き方をそれぞれが選びとる時代が始まっている。同時に、新たな格差が生まれ、様々な次元での亀裂や分断が深まっている。社会や歴史に対する意識が揺らぎ、普遍的な理念に対する根本的な懐疑や、現実を変えることへの無力感がひそかに根を張りつつある。そして生きることに誰もが困難を覚える時代が到来している。

しかし、日常生活のそれぞれの場で、自由と民主主義を獲得し実践することを通じて、私たち自身がそうした閉塞を乗り超え、希望の時代の幕開けを告げてゆくことは不可能ではあるまい。そのために、いま求められていること——それは、個と個の間で開かれた対話を積み重ねながら、人間らしく生きることの条件について一人ひとりが粘り強く思考することではないか。その営みの糧となるものが、教養に外ならないと私たちは考える。歴史とは何か、よく生きるとはいかなることか、世界そして人間はどこへ向かうべきなのか——こうした根源的な問いとの格闘が、文化と知の厚みを作り出し、個人と社会を支える基盤としての教養となった。まさにそのような教養への道案内こそ、岩波新書が創刊以来、追求してきたことである。

岩波新書は、日中戦争下の一九三八年一一月に赤版として創刊された。創刊の辞は、道義の精神に則らない日本の行動を憂慮し、批判的精神と良心的行動の欠如を戒めつつ、現代人の現代的教養を刊行の目的とする、と謳っている。以後、青版、黄版、新赤版と装いを改めながら、合計二五〇〇点余りを世に問うてきた。そして、いままた新赤版が一〇〇〇点を迎えたのを機に、人間の理性と良心への信頼を再確認し、それに裏打ちされた文化を培っていく決意を込めて、新しい装丁のもとに再出発したいと思う。一冊一冊から吹き出す新風が一人でも多くの読者の許に届くこと、そして希望ある時代への想像力を豊かにかき立てることを切に願う。

（二〇〇六年四月）

岩波新書より

教育

大学とは何か	吉見俊哉
赤ちゃんの不思議	開一夫
日本の教育格差	橘木俊詔
社会力を育てる	門脇厚司
子どもの社会力	門脇厚司
子どもが育つ条件	柏木惠子
障害児教育を考える	茂木俊彦
障害児と教育	茂木俊彦
誰のための「教育再生」か	藤田英典編
教育改革	藤田英典
教育力	齋藤孝
思春期の危機をどう見るか	尾木直樹
子どもの危機をどう見るか	尾木直樹
学力を育てる	志水宏吉
幼児期	岡本夏木
子どもとことば	岡本夏木
「わかる」とは何か	長尾真
学力があぶない	大野晋 上野健爾
ワークショップ	中野民夫
ニューヨーク日本人教育事情	岡田光世
子どもとあそび	仙田満
子どもと学校	河合隼雄
子どもと自然	河合雅雄
子どもの宇宙	河合隼雄
教育とは何か	大田堯
からだ・演劇・教育	竹内敏晴
教育入門	堀尾輝久
日本教育小史	山住正己
乳幼児の世界	野村庄吾
自由と規律	池田潔
私は二歳	松田道雄
私は赤ちゃん	松田道雄

心理・精神医学

心の病 回復への道	野中猛
自殺予防	高橋祥友
だます心 だまされる心	安斎育郎
痴呆を生きるということ	小澤勲
〈こころ〉の定点観測	なだいなだ編著
純愛時代	大平健
やさしさの精神病理	大平健
豊かさの精神病理	大平健
快適睡眠のすすめ	堀忠雄
夢分析	新宮一成
精神病	笠原嘉
生涯発達の心理学	高橋惠子 波多野誼余夫
心病める人たち	石川信義
コンプレックス	河合隼雄

岩波新書/最新刊から

1385 **百年前の日本語** —書きことばが揺れた時代— 今野真二 著
漱石が原稿で用いた字体や言葉には、すでに「消えて」しまったものがある？ 豊富な具体例から言葉の変化を問う、画期的な論考。

1386 **構造災** 科学技術社会に潜む危機 松本三和夫 著
未曽有の災害をもたらした福島原発事故。科学技術と社会の仕組みとの間で起こる危機のメカニズムを解明し、問題克服の道筋を探る。

1387 **川と国土の危機** 水害と社会 高橋裕 著
東日本大震災は、臨海地域の開発に依存してきた近代日本への警告である。治水の歴史を振り返り、国土保全の根本的改革を訴える。

1388 **社会人の生き方** 暉峻淑子 著
なぜ今の日本では、社会をともに築く社会人として生きるのが難しいのか。どうしたら社会人になれるのか。豊富な経験から考える。

1389 **古典力** 齋藤孝 著
「クライマックス読み」や「さかのぼり読み」など、これまでにない、古典への近道を伝授。オススメ古典50選の詳しい解説つき。

1390 **秀吉の朝鮮侵略と民衆** 北島万次 著
秀吉はなぜ朝鮮に出兵したのか。その構想と二度にわたる戦争の実態をたどりながら、日朝両国の民衆の姿を描きだす。図版多数。

1391 **看護の力** 川嶋みどり 著
人間らしい暮らしを整えるケアとは？ 胃瘻や床ずれ対応のヒントに「下の世話」や代用入浴の心得など。看護師歴六〇年の真髄。

1392 **杜甫** 川合康三 著
悲惨な生涯の中で、苦難を乗り越える意志を力強くうたう杜甫。代表作を紹介しながら、新しい読み方を提案する。生誕一三〇〇年。

(2012.11)